美國會為台灣出兵嗎？

從美中台三方關係分析台海危機最佳解方

前海軍艦長
張德方——著

【推薦序】

值得一讀的軍事研究專論

前駐美海軍武官
前海軍總部少將署長　謝政
美東南大學企管碩士

《美國會為台灣出兵嗎？》原是張德方公費就讀於政治大學外交系戰略與國際事務研究所的碩士論文，其精闢的研析被收入軍方內部的「軍事學術研究叢書」：《台海戰略分析——美國軍事介入台海軍事衝突可能性之研究》，共印製五百本，專供國防大學指參教育以上的軍官研習。得知好人出版欲重新編輯出版這本專論，讓更多台灣讀者得以參閱，我相當樂見其成。

我與張德方結緣共事於繼光軍艦。一九九四年六月，我派任為繼光軍艦艦長時，張德方已先於四月派任為副艦長。當時屬「二代艦」的繼光艦，可是配備國寶級裝備的「一級艦」，派至艦上的官兵都是經過精挑細選。張德方能以少校軍階派占中校副艦長一職，可知軍方對他的認可與倚重。由於配合造艦進度建構一個新的軍艦部隊期程緊迫，他除了自艦訓部接管報到官兵，每日往返於左營軍區及高雄造艦廠之間確保通運安全之外，還須展開對全艦全新裝備的訓練，按所編排的各項工作任務部署表操練及出海試俥等等，一切從無到有，可說是「創業維艱」。張德方都能憑藉優異的專業能力與使命感，達成計畫目標。

繼光艦的成軍與納編艦隊服勤，成為第三艘海軍PFG－II案造艦計畫成軍服勤的「二代艦」；由於訓練精實，也成為第一艘執行跨越海峽中線、深入敵前執行任務的「二代艦」。其後又納編八五敦睦支隊，穿越馬六甲海峽及赤道，訪問南非及新加坡等友邦及執行前進南沙太平島等任務，無一不考驗著當時猶兼任航海官、史政官的張德方副艦長的能力與績效。

張德方自海軍官校七二年班畢業後，歷任海軍艦艇各級職務，除上述繼光軍艦副艦長之職外，也曾任中興軍艦艦長、高雄軍艦艦長，並三度膺選赴美受訓。尤其是當時全海軍僅有一個名額可至美國戰爭學院進修，他通過層層的考試脫穎而出，最終並以優異的成績畢業。返國後，任教於國防大學海軍戰略組。國防大學對張德方的評語是「愛智」、「宏觀」、「前瞻」與「敬業樂群」。

張德方在海軍完整的學經歷，以及經過美國戰爭學院的進修，讓他得以依據台灣的戰略位置及美、中、台情勢分析與演進，以嚴謹而宏觀的思維，對美國軍事介入台海軍事衝突的可能性提出研究。雖然兩岸狀況不斷改變，但這本《美國會為台灣出兵嗎？》

研究涵蓋的時間範圍並沒有受到限制與界定，時間因素並不影響其所論證的合理性，反而能凸顯本書超越時空的研究價值。

對比目前烏克蘭與俄羅斯戰爭現況，現在能重新編輯出版張德方這本專論，供台灣讀者研讀，想必更能激起社會大眾關注美國軍事介入台海軍事衝突的可能性。須知中共推出《反分裂國家法》以對抗美國的《台灣關係法》，中共航母「山東號」、「遼寧號」繞台航訓強化「認知作戰」，我西南防空識別區「ADIZ」被侵擾，以及南海島礁軍事化問題等等，在在顯示美、中、台關係與情勢發展更加多變，台海關係愈來愈緊張。期盼國人能從這本著作中，對我國國家安全有更進一步的省思。

最後，一篇碩士論文的研析，如沒有出版社的慧眼，再好的論述也將束之高閣無人過問，因此特別感謝好人出版慧眼，能賞識張德方論文及其研究價值，將之重新編輯付梓，誠廣大讀者之福，在此再次對好人出版表示感恩！另外，張德方論文的出版受限於版權問題，聯絡處理不易，幸賴原繼光艦同仁大力協助下得以解決，也特予致謝。

【推薦序】

迄今不衰的美中台關注焦點

前海軍飛彈快艇艇長
前海軍副艦長　趙申
中山大學中國與亞太區域博士

有關美國軍事介入台海軍事衝突可能性研究的論文，時至今日仍是美中台關注的焦點，美國長期對台海的「戰略模糊」是否轉為「戰略清晰」，更是爭論的議題，雖然很多因素隨著時空的變動，但區域的穩定與台海的安全和平在全球化的環境下，更凸顯其重要性，而張德方當時所研究的議題迄今不衰，不僅是異數，也顯示他對於國際情勢觀察的敏銳與專業素養的卓越。

【導讀】不讓台灣成為下一個烏克蘭

政大國防安全與大陸研究所碩士
國防安全專家　張德慧
墨爾本大學亞洲研究碩士班進修

兩岸問題一直是影響我國家安全與生存發展的關鍵因素，美中關係更是影響因素當中的重中之重。當今美國視中共為影響其國家利益最大的長期競爭對手，不論是為聯合民主陣營遏制中共挑戰其世界霸權地位，或是捍衛台灣民主與戰略價值而「重回亞太」，美中台關係都已較前更加緊繃。加上二〇二二年二月俄羅斯不顧美歐警告仍執意入侵烏克蘭之後，國人對台海是否仍能維持和平，美國能否以更明確有效的作為遏阻中共入侵意圖，犯台時是否軍事介入協防退敵；抑或終究還是循俄烏戰爭採取的外交譴責、經濟制裁及金武援助等模式，成為國人關切的焦點。美國前總統川普聲稱「台灣就是下一個烏克蘭」，更引發國際間的廣泛研討與關注。

依據台灣國際戰略學會及台灣國際研究學會二〇二〇年十月所做民調，若台海發生戰事，百分之五十五·一的國人認為美國會出兵協助台灣；然其於俄烏戰爭爆發以後再做民調，認為美國「會出兵協助」的民眾降到百分之四十二．七，此種認知上的落差，顯示不少國人對於美國軍事介入台海軍事衝突的可能性、時機、方式與規模等等這些攸關國家及切身安危禍福的關鍵問題，仍普遍缺乏認知。

俄烏戰爭的啟示

台灣不是烏克蘭，中共也不是俄羅斯。逕將今日烏克蘭喻為明日的台灣，不僅過於武斷無助於凝聚共識，反可能喪失對國家與安全的信心與對政策的支持；然若不重視理性客觀的分析研究誤判情勢避害驅利，就可能重蹈烏克蘭步向戰爭的覆轍。特別是不少國人只相信本身意識形態與政黨立場，理性討論與專業判斷不足，又缺乏中共攻台的危機意識以及所信賴依賴的美國屆時若無法介入協防退敵，國人將不分軍民老幼都將置身於無情戰火中的警覺。所謂「前事不忘，後事之師」，何況是尚在演進中的俄烏戰事及激烈震盪的美中台關係情勢，是以我國防部今年五月和七月的漢光演習就已將俄烏戰爭的啟示納入。

俄烏戰爭從某個角度來說，看似美國在藉烏克蘭打一場擴大其在歐洲影響力、削弱俄羅斯國力的代理戰爭，然而對被入侵的烏克蘭而言，經過戰火蹂躪，國力倒退要復原還有漫漫長路。未來美國有無可能在現實考量之下，有意或被迫採取此種利用台海衝突藉以拖垮快速崛起威脅其霸權地位的中共，最符合其利益？抑或美中台之間有不同於美俄烏三國關係的不同選項？透過本書的研究精華，應能獲得更明確的想法。

烏克蘭自一九九一年獨立之後，歷任政府貪汙腐敗，國內亦有親西歐及親俄政黨等不同政治取向，但二〇一四年「顏色革命」後親俄總統下台，政壇氛圍走向北約及歐盟，甚至將加盟北約寫入憲法，自此無人敢再對此公開質疑或反對。《新明斯克協議》後，烏克蘭過度依賴美國和北約承諾，輕忽本身軍工發展與國防；二〇一九年澤倫斯基總統上任後在國內極右派及美國因素等主導下亦未履行《新明斯克協議》。俄羅斯總統普丁要求北約勿再東擴及不允許烏克蘭加入北約，但遭美正式回絕。普丁擔心被進一步孤立受到威脅，二〇二一年十月開始將俄軍往烏克蘭邊境集結準備入侵。今年二月二十四日入侵前，還表示烏克蘭此舉將升高其與北約間的衝突，並可能演變成核武大戰。

美國曾再三保證對烏克蘭的承諾「堅若磐石」，烏克蘭為求國家安全遏止戰爭而靠向西方陣營加入北約抗俄路線，反招致國破家亡，生靈塗炭，約四分之一國人淪為難民，大片國土斷垣殘壁成為廢墟，即便未來烏克蘭擊退來犯的俄軍，兩個毗鄰國家因戰爭所產生的不安全感與恐懼以及深仇大恨勢必長期壟罩在兩國人民心中如影隨形，對於飽受戰火摧殘劫後餘生的烏克蘭來說，其在國際舞台當中的影響力將大幅下降，自然必須依賴他國開啟漫長重建之路及提供更多的安全保護而喪失了自主性。

依據美國芝加哥大學民意調查中心二〇二二年六月透過電話方式在烏克蘭所做民調結果顯示：有百分之八十二的受訪者認為俄羅斯應該為他們國家的衝突承擔責任，但竟然亦有高達百分之五十八的受訪者認為美國「也要對此負責」，而其中百分之二十六的人更認為「美國負有最大責任」。受訪民眾也認為自己的政府及北約都該為他們國家的衝突承擔責任。倘當初各方都能理性客觀判斷相互利害與影響後果，則美國會可能更認真評估俄羅斯安全威脅的底線與影響；俄羅斯可能會更審慎思考是否戰爭是其能採取的最佳手段；而烏克蘭也可能會重新思考靠向北約的進程決策及利害選擇避戰，就不會有今天世局動盪，世界皆遭受不同程度的影響或衝擊局面。

日本已故前首相安倍晉三於五月二十六日接受英國《經濟學人》專訪時就曾表示，烏克蘭總統澤倫斯基對加入北約的立場以及拒絕解決頓巴斯問題的態度引發俄羅斯軍事行動，稱「若澤倫斯基承諾烏克蘭不會加入北約，或讓東部兩個地區高度自治，可能可以避免戰爭」。烏克蘭過於天真的自信與英雄主義氛圍，讓國家與人民至今陷入了悲慘的戰亂之中。張德方的研究有助於建立全民共識，確保和平生存發展，立國家於不敗之地，這也正是作者為文目的及其價值所在。

美歐精密「盤算」俄烏甚且將中共消長等因素也納入考量，迄只提供令烏克蘭失望且不足的有限制裁措施與防衛武器；俄羅斯則「盤算」用能源、糧食等武器且手握核武反制西方制裁，至今有恃無恐；烏克蘭國力戰力與俄羅斯差距太大，政策加速朝向加入北約後，誤判美歐國家遏止或協助擊退俄羅斯入侵的現實，在關鍵時刻或已騎虎難下未能避戰，至今雖仍奮戰，然國防甚至國家的未來恐更只能仰賴美歐鼻息。

美、中、台三方錯綜複雜的利益盤算

本書就是站在維護國家安全的立場，對於美、中、台三方各項環環相扣、交互影響又錯綜複雜關鍵因素的議題，進行系統研究推論的「盤算」，包括中共「盤算」是否及如何對台動武的考量依據，美國「盤算」軍事衝突時是否軍事介入；即美、中、台戰略政策與國家利益、軍事力量比較分析，以及最後美國軍事介入因素與可能方式等，縝密研究後提出成果心得。

美國軍事介入的考量，必定是以本身利益為依歸，因此本書首先就從美國國家利益及相關的軍事介入理論出發，分析中共對台動武背後的軍事力量、動武因素與可能方式；復從美中關係演變軌跡、台灣與中共在政經與戰略利益等角度，切入雙方各對美國的利益，再對美國亞太軍力及美中軍力分析比較，提出中共「威懾台灣」及「攻占台灣」兩種情境當中美國軍事介入的可能方式。張德方的論文恰好提供了所謂「內行看門道」的研究方法與心得，為這攸關國家安全與人民切身存亡福祉的嚴肅課題，提供更為科學、細緻而客觀的思考方向。

美中關係競逐白熱化實有脈絡可循。兩國於一九七九年正式建立外交關係，當時美國希望中共朝西方自由民主制度和平轉變，一九八〇年代後為了本身經濟利益而持續與中共保持合作關係，並於二〇〇〇年給予永久正常貿易夥伴地位，次年同意其加入所主導的世界貿易組織，降低了雙邊的貿易逆差並持續催化其政治改革。中共經濟上則因參與全球化進程而獲得巨大收益，加以反恐及北韓問題，凸顯其在世界舞台中的地位，二〇〇五年成為美國乃至國際體系中的「利益攸關者」。二〇〇八年起發生金融海嘯，西方國家經濟結構出現調整困境，此時的中國經濟卻仍快速增長，習近平接任國家主席後，復提出以「實現中華民族偉大復興」的「中國夢」為指導思想，並推動連結歐亞非三大洲總共六十多個國家經濟發展的「一帶一路」戰略計畫，在南海也加強島嶼建設與軍事部署；二〇一八年更廢除國家主席連任不得超過兩屆的規定，讓西方國家擔心專制中國開始「走向獨裁」。

美國前總統歐巴馬遂開始調整對中戰略，提出了「重返亞洲」政策，且為制衡中共影響力而大力推動《泛太平洋夥伴關係協定》（TPP）；美國前總統川普二〇一七年也宣示「美國優先」，卻宣布退出該協定，由日本領導改組《跨太平洋夥伴全面進步協定》（CPTPP）的談判。次年，日本、澳洲、加拿大、智利、墨西哥和紐西蘭等十一國簽署了CPTPP，中共亦於二〇二一年九月申請加入，提升了參與主導亞太經濟合作領域的深度與廣度。中共復於二〇二〇年十一月簽署包括亞太十四國在內、被認為是世界最大自由貿易協定的《區域全面經濟夥伴協定》（RCEP），反觀世界最大經濟體的美國卻不在其中，拜登總統遂於數月後首次提出「印太經濟框架」（IPEF），並一再保證「美國已回來了」，力圖與中共爭奪區域影響力。加上新冠疫情延燒與美國國內反華鷹派勢力占上風及選舉等因素，兩國競爭對抗力道明顯加大，有朝向由「冷戰」迅速升溫到「熱戰」的趨勢。

中共武統的可能性越來越大了

依據軍事網站「全球火力」（Global Firepower）公布二〇二二軍力排名，中共排名世界第三，俄羅斯排名第十一，台灣排名第二十一位，第二十二位則是處於戰爭泥淖的烏克蘭，這還未將核武因素考量在內。若與烏俄相對照，中共國力及影響力超越俄羅斯屬實，但台灣與中共長期對峙，建軍備戰精實，國防戰力不容小覷；惟從地緣角度來看，烏克蘭是沿海國家，領土與俄羅斯及若干北約國家接壤，國土面積是台灣的十七倍大，俄國雖易越境侵犯，卻也無力完全封鎖烏克蘭偌長的邊境線，美歐武器因此得以源源不斷提供烏克蘭支撐抗俄。台灣雖為四面環海的島嶼國家，有台灣海峽作為與中共的屏障，但相較來說，美國或日韓若想支援台灣，也有較中共距離更遠的海洋相隔閡，尤其美國本土遠在太平洋東岸，調遣軍力橫越海洋，即便是從較近的關島，要到太平洋西岸的中共門戶前與之對抗，須能確保有較中共更強大的海空優勢，亦屬不易。美國所須付出的代價及台灣承受的風險與災難超乎想像。

試想倘中共上千枚導彈，加上航母與潛艦等一齊封鎖從台海跨越「第一島鏈」的廣闊海域，美國即使有派龐大先進的航母戰鬥群等海空軍部隊跨海而來，是否敢冒與中共開戰的風險進入導彈一、二千公里射程之內，都有疑問，而駐日本及南韓美軍數量有限，出兵等同對中宣戰，日韓安全也會遭到牽連；且日韓兩國在彼此仍有「獨島」爭端及二〇一九年七月起貿易戰等重大利益衝突下，又有俄羅斯及北韓牽制顧忌，在國家利益考量之下，沒有國家願意與核武大國率先開戰，就與北約國家至今不願直接涉入俄烏戰爭的情形一樣。

依據美國國防部發布二〇一九年度中共軍力報告揭示的中共武統台灣條件，其中一條就是「外國勢力干涉台灣內政」，美國過度介入兩岸問題，加上台灣越親美抗中，中共武統或將時程提前的可能性就越大，就如同烏克蘭觸及俄羅斯安全底線及俄羅斯對烏開戰的關聯性一樣。美國與中共劍拔弩張，從中共角度來看，美國不斷用民主人權、南海爭端與軍事化問題，強化中共對民主世界構成威脅的論調，並以兩岸主權問題不斷挑釁其武統底線，欲使顯露「窮兵黷武」本質或冒進「犯錯」，凝聚反中陣營勢力對抗以達「敵消我長」目的。

對美國來說，其抗中或許更多是著眼於維護其全球霸權地位，台灣只是其爭霸及全球利益考量中的一部分。我們希望台海維持和平，避免刺激中共，但若美國「公親變事主」般地過度介入，台灣自主空間就可能被壓縮像被美國推著刺激中共的棋子，想「維持現狀」但不確定因素會增加。美、中及相關大國間「軍備競賽」等競逐也必定更加白熱化，台灣須支付更高的國防費用購買更多「防禦性」為主的武器，國家安全只有更依賴美國。形勢比人強，惡性循環激化的結果，難保台海不會有擦槍走火、戰爭一觸即發的狀況。

台灣被承認為正常國家的兩種途徑

台灣要想被承認為正常國家，在講求現實利益及實力的國際社會，幾乎只有兩種主要途徑。其一是台灣的實力與影響力超過中共，美國在更多利益取捨下，不懼中共反制及代價支持台灣「獨立」，且獲得國際普遍支持，重新建立一個能將中共角色與影響力排除、完全由其主導掌握的新的國際局勢與架構。政府目前走「親美抗中」路線，有人認為台灣即使選擇當美國的棋子，最終仍有被相挺的機會。但台灣基於本身地位及國家安全，早已是防堵中共突破第一島鏈進出太平洋地緣戰略當中，美國太平洋防線先鋒的一部分，現在更是唯美國馬首是瞻，美國等西方國家是否只須在「維持關係現況」的原則下打打「台灣牌」，凝聚台灣在內的民主陣營及政權力量，作為自己獲得更多對中利益的籌碼及確保霸權，而不須冒險選擇台灣損傷利益，何須實質支持？

是以美國雖與中共激烈爭霸，仍須處處顧慮估算中共反應，維持「一中」政策與對台「戰略模糊」立場也最符合其利益。此次沸沸揚揚的美國眾議院議長裴洛西訪台，就像過去每次美方突破層級派員訪台之後一樣，是否都帶來美台關係的實質進展，抑或不脫前述的目的，反而增加台灣安全與維護利益上更大負擔？日前拜登大張旗鼓推動的「印太經濟架構」，台灣都未被納入首輪參與名單；今年五月在美國「支持」下，對於僅僅希望重獲世界衛生組織大會中觀察員的身分，都未獲邀請；拜登幾次公開承諾兩岸開戰要軍事介入台灣，隨即遭白宮否認或稱對台立場沒變只是口誤；裴洛西議長訪台前，美中領導人還須直接視訊對話溝通。

台灣的確需要、且應感謝美國的關心與支持，但若無法提供更多實質具體且對我國有利的支持與保證，空洞的外交姿態及示好辭令，徒增漫無止境的對抗增溫壓力而已，也實難反駁裴洛西之訪台更多目的只是穩固台灣當「親美抗中」打手的質疑。這應該是檢驗美台關係、利益，甚至欲達成獨立自主目標第一個途徑有無進展及有無可能的唯一標準。

第二個可能途徑，就是恢復兩岸正常交流建立互信，期中共放鬆對台打壓，最終在國際獲得更近正常國家的地位。兩岸主權問題可以學習美國「戰略模糊」的概念，台灣克制刺激中共的「獨立」意圖，中共也逐漸淡化令台灣感到威脅的「統一」訴求，用「擱置爭議、互利共榮」迴避敏感的主權爭論，建立類似精神上同屬一個中華民族或其他意涵的「一中」模糊概念，取代在國內因政黨惡鬥失焦、已被普遍解釋為自我矮化、徒添爭議的「一中各表、九二共識」等名詞。雙方透過長時間相互尊重理解，建立合則兩利的共識，也得以在和平環境中繼續壯大，並分享交流合作的經濟紅利。其實兩岸主權問題基本上類似台日中釣魚台或與東南亞國家間南海主權爭議一樣，幾乎都屬歷史留下的包袱。台灣若以對中共同樣態度頻對日訴求釣魚台主權，日本焉有不反應衝突之理？衝突難以解決領土爭議，反而有可能付出更高代價。若第一項選擇無法達成目標，何不嘗試代價低的和平方式爭取？或將國家目標務實地回歸到謀求安定繁榮、護國利民之上。

不論政府採取何種選項，都須更嚴謹、負責任地分析各項相關及利害因素，知己知彼，調整政策作為達成目標的重要參考。也應將未客觀審時度勢判斷實力利弊、「得不償失」的相關事例，引以為鑑。例如：中國大陸八九民運反而引發中共鎮壓箝制，致中國大陸民主運動銷聲匿跡；香港鋪天蓋地反送中抗議進而要求更多自治，反而導致中共立法嚴控，致港人失去更多自治空間；特別是烏克蘭欲保家衛國靠向北約威脅到俄羅斯安全，其政府卻昧於情勢一意孤行，致今日猶仍陷國家人民於無情戰火中。

猶記得香港反送中事件時，部分政治人物將台灣和與中國大陸接壤、中共武控及政權所轄的香港，拿來與等同於國家、狀況條件完全無法比擬的台灣相提並論，大呼「今日香港、明日台灣」危言恐助選戰；如今，對於與俄羅斯關係演進導致衝突及條件狀況與台灣多有近似的烏克蘭，卻又極力駁斥「今日烏克蘭、明日台灣」的警語，國家安全若交由這樣的政治人物主導，豈能放心。依據聯合國難民署五月統計，自俄烏開戰後已有超過六百萬難民逃出烏克蘭，但台灣是座島嶼國家，在兩岸開戰時若以海空及砲火封鎖全島，只怕國人連想學烏克蘭人民逃離戰火的機會都沒有。

維護台海和平的根本思維

台灣自然不希望打一場就算打「贏」也是輸的戰爭。所謂的「贏」，至多也是成功擊退來犯的共軍，但斷垣殘壁、國破家亡，各國更不可能支持一個弱國獨立而得罪中共，最終兩岸人民相互仇恨，中共統一台灣的使命感只怕更加強烈。台灣過去有金門在前線防守，用犧牲生命財產安全繁榮換來台澎的安定繁榮，當今武器已非昔日射程短的火炮，射程遠、速度快、威力強的機艦飛彈等等，已經讓世界國家的攻擊距離擴大而防衛距離縮小，因此若將世界地圖縮小看，中共、台灣與美國在當今的戰略地理位置，彷彿是過去的中共、金門與台灣的位置關係，亦即台灣在安全上可能變成美國的「金門」而不自知。

依據國防安全研究院《國防安全雙週報》二〇二二年三月的民調，慶幸有高達約百分之七十三的國民願為自己國家而戰，可見俄烏戰爭並未撼動台灣民眾的防衛決心。然而，台灣若步烏克蘭靠自己部隊作戰的後塵，究竟能撐多久？一旦兩岸開戰，或許除非台灣即將失守而對美國弊大於利，在有把握勝利及可控制停戰點而不致引發第三次世界大戰甚至核武戰爭的狀況下，才有可能派兵介入對中宣戰。國人究竟是要為自己、親人及國家守護犧牲，還是把台灣當成守護美國國家利益與安全的「金門」前哨而不自覺？

如果美國為了利益讓烏克蘭慢打拖垮俄羅斯持久戰，以及連有危害健康之虞的萊豬也都要求我政府買單接受，國人真的應該好好閱讀本書，就能理解俄烏兩國兵戎相向因素，及美國軍事介入的思考要素，包括中共在內，都是以利益為優先考量，才能避免受到基於政治利益的政客、媒體及宣傳所擺布，建立更客觀的認知。

最後，謹以作者在本書一開始闡述研究目的中的一段精典話語，作為本導讀文章的結束，那就是：

「部分國人期待著美國在中共武力犯台時會『做』些什麼，有恃無恐的心態，遮蔽了一個最重要也最根本的思維，亦即：維護台海和平與國家安全最重要的應該是如何讓中共『不做』什麼，而非期待外人會做什麼！」

目錄

【推薦序】值得一讀的軍事研究專論 謝政 005
【推薦序】迄今不衰的美中台關注焦點 趙申 008
【導　讀】不讓台灣成爲下一個烏克蘭 張德慧 009
【前　言】美國會用哪些軍事介入協助台灣防衛？ 026
來自最前線的思索／影響美國軍事介入的複雜因素／國內外學者怎麼看？

第一部

美國國家利益與軍事介入 037
【第一章】美國的國家利益是什麼？ 039
國家利益的概念／國家利益主導美國外交政策
【第二章】美國軍事介入的原則與方式 046
軍事介入的定義與目的／美國軍事介入的原則／美國軍事介入的方式／美軍用兵要考慮「四個問題」

第二部 中共對台動武的因素與可能方式 069

【第三章】中共人民解放軍軍力 071
解放軍陸軍／解放軍空軍／解放軍海軍／戰略部隊（二砲）

【第四章】影響中共對台動武的因素 082
中共不放棄對台動武／台灣要有足夠的防禦實力及國際支持

【第五章】中共對台動武的可能方式 089
人民解放軍對未來戰爭的觀點與辯證／中共對台動武的作戰準則／中共對台動武的兩種可能模式

第三部 美國軍事介入的可能性 111

【第六章】美國中共關係的演變 113
冷戰期間／冷戰結束

【第七章】台灣對美國的利益 137
政治方面／經濟方面／戰略方面

【第八章】中國對美國的利益 146
打擊恐怖主義威脅／禁止大規模毀滅性武器擴散／經貿關係／維護亞太區域穩定

第四部
美國軍事介入台海衝突的可能方式 163

【第九章】美國對中共威懾台灣的軍事介入方式 165
美國東亞防務／如果中共威懾台灣／美軍可能介入方式之一：加強對台軍事援助／美軍可能介入方式之二：武力展示／美軍可能介入方式之三：提升亞太地區前沿駐防武力戰備

【第十章】美國對中共攻占台灣的軍事介入方式 185
作戰界線／戰果保持與如何撤出？有關終戰的問題／美國可能以「恢復台灣現狀」為軍事目的／尋找美中台的最大公約數

註釋 213

參考資料 260

【前言】美國會用哪些軍事介入協助台灣防衛？

必須具有衡量國際大勢的眼光。

——美國軍事戰略家　馬漢（Alfred Thayer Mahan）

來自最前線的思索

在兩岸關係中，讓中共「不做」什麼，與美國會「做」什麼，是台灣處理兩岸事務最重要也最複雜的事。其中又以中共武力犯台，以及中共一旦對台軍事行動，美國是否「軍事介入」，為緊張的台海關係中，大家最關注的焦點。

由於部分國人期待著美國在中共武力犯台時會「做」些什麼，有恃無恐的心態，遮蔽了一個最重要也最根本的思維，亦即：維護台海和平與國家安全最重要的應該是如何讓中共「不做」什麼，而非期待外人會做什麼！

從一九九六年台海危機說起

一九九六年年初，台海情勢因中共準備針對台灣實施軍事演習及導彈試射而陷入極為緊張的時刻，筆者當時正服務於海軍艦隊。同年三月上旬，當中共以距離基隆不到七十公里的東北方海域為飛彈試射區，準備發射M-9彈道飛彈並刻意飛越台北外沿的前夕，[1]台灣島內上下瀰漫著一片不安與惶恐。筆者因服務的艦艇是當時海軍甫成軍的較先進的第二代艦，因此很「光榮」地被指派到中共試射區附近「庶守海疆」。[2]為了準備應付台灣海峽隨時可能爆發的各種不確定的狀況，「枕戈待旦」四字在當時不再只是一個虛幻的精神口號，而是實際衝突情境的緊張寫照！該事件因美國適時派遣兩個航空母艦戰鬥群介入，[3]加上天候轉劣中共停止軍事演習，一場原本無法預料後果的軍事衝突得以平和收場。事過之後，筆者不禁思索兩個問題：其一，當時如果美軍不介入或介入的力道不夠，會有什麼後果？其二，這次的軍事危機是否必定會發生？是否可以避免或化解？

一九九九年七月，兩國論事件再度造成台海緊張，筆者當時任職於經常支援外島的艦艇，縱使當時敵情威脅等級極高，並且不排除可能與中共「交手」的風險，但是，為了防止中共「誤判」以及「擦槍走火」所可能引發更嚴重的軍事衝突，筆者的艦艇與其他在台海第一線執行「保國衛民」任務的海、空兵力一樣，都具有「捨小我成就大我」，寧採取保守與被動的防禦作為，甚至冒著遭解放軍第一擊的危險，也絕不能開第一槍的「認知」。兩國論事件雖然也是平和落幕，但是當時美國對台海兩岸的態度相較於一九九六年的台海危機似乎有所轉變。延續著九六年危機的思維，筆者深思：如果中共進一步「越界」對台灣展開報復性的挑釁行動，美國是否一如前次台海危機派兵介入？以及，美國是基於什麼原因、在什麼情況下會軍事介入台海衝突？

上述事件雖然都已經事發多年，但是仍不能以「陳年往事」視之。到目前為止，台灣問題仍處於十分詭譎的狀況。雖然兩岸經貿關係不斷加強，可是軍備競賽也日趨激烈，未來發展為災難的可能性目前也不能排除。由此觀之，未來台海再度發生類似九六年危機或九九年危機，甚至更嚴重的軍事衝突的可能性實不容輕估。為了對上述與切身有直接關係的諸多假設性的「如果」尋求較具體的答案，引發了筆者寫作的動機。

向美國太平洋作戰司令部總司令提問

筆者就讀美國海軍戰爭學院時，當時美國太平洋作戰司令部總司令布萊爾將軍（Admiral Dennis C. Blair）來校演講，筆者曾向其提問台海若發生衝突，他可有因應之道？布萊爾當時的答覆極為肯定，並表示華盛頓自有主張，他也以幽默的口吻告訴筆者，計畫內容恕難透露，「不過一定可以讓你放心！」美國前總統小布希就職剛滿百日時，接受「美國廣播公司」專訪時明確宣示，美國將會「盡其所能，協助台灣自衛」。小布希總統這段聽起來似若為未來台海發生軍事衝突時美國可能的立場找到答案的談話，打破了以往美國政府對台政策「戰略模糊」的立場，代表著美國政府對台灣的友好與支持。二〇〇一年，美國國防部首度證實美國訂有台海防禦應變計畫，這套作戰方案存放在太平洋美軍總部。從布萊爾的保證到小布希的宣示，似乎顯示了未來一旦台海發生軍事衝突，美國必然會履行協防台灣的承諾。這對長期飽受中共威脅的台灣人民來說，如同獲得一張安全保單，值得快慰與欣喜。

不少台灣人民相信美國會協防台灣，甚至希望美國介入台海軍事衝突。在國人如此慇慇寄盼美國保障台灣安全的同時，筆者認為應該更要理性地思考一下：這張保單是否必然可以兌現？如何兌現？美國是否必然如同一些國內、外政治人物所樂道的：「台海有事，美國基於《台灣關係法》將會協助台灣防衛？」又，外人所言「一定可以放心！」是否必然一定讓人放心？以免陷於一廂情願的期待而誤判情勢。

這樣的思維是促使筆者寫作的另一個動機。本書主旨在探討：未來美國在兩岸雙方爆發軍事衝突時，美國是否採取軍事行動介入台海危機？美軍行動的選項有那些？可能遭受那些限制？

影響美國軍事介入的複雜因素

使用軍事資源是美國遂行其國家政策的主要手段，也是外交談判的主要籌碼之一，[4]其所牽涉非僅只是單純的軍事面向的問題，更包括複雜廣泛的層面。美國國務院政策計畫處前主任哈斯（Richard N. Haass）即曾指出，在美國所有的公共政策中，沒有比以軍事介入作為外交政策的工具更引起爭議。[5]因此在探索美國軍事介入的問題之前，筆者認為必須先釐清幾點問題，諸如，從國際關係學理的角度，美國軍事介入與海外用兵的原則與目的為何？又，從實際執行軍事介入政策的美國軍方實務的層面，美軍的作戰準則、教範中，執行軍事行動，特別是海外用兵的規範與指導為何？軍事決策者、作戰指揮官必須思考那些問題？有哪些軍事手段可用以作為遂行介入的政策工具？

由於本書主題與政治現勢有密切的關聯，除了上述的理論層面，更重要的是必須與政治實務結合。因此，本書從影響美國政策的主要因素——國家利益著手，先探討與美國的國家利益有關的概念、與政策制訂的關聯性，進而從美國政府揭櫫的國家利益，歸納美國的國家利益所重視的核心價值，再結合國際情勢的演變，由此分析影響美國與中共利益的結構性因素。

接續前述研究的流程，筆者從政治、經濟、戰略及亞太區域安全等實務層面，分從美國與台灣以及美國與中共的角度剖析美國在台海兩岸的利益，進以探究美國是否具有介入台海軍事衝突的動機與意圖。

影響美國軍事介入決策的另一項因素為中共對台動武的可能方式。在探討該主題時，筆者認為必須先要了解幾個問題，包括中共人民解放軍的軍力及戰爭觀、對台動武的戰略構想等；其中更有一個不可忽視的關鍵問題是影響中共對台動武的因素。

何謂「軍事衝突」與「軍事介入」？

本書的事件主體界定在兩岸之間發生「衝突行為」，美國「軍事介入」的可能性。所謂「衝突」，是指「國家與國家之間，或是一個國家內部有組織的團體為了達成政治或軍事目的，彼此之間發生的武裝鬥爭或摩擦」。[6]衝突行為，根據密契爾（C. R. Mitchell）所下的定義，[7]係指衝突的一方為了使對方放棄或修正其目標、反制對方的行動、懲罰對方的行為，所從事之行為。

其模式有四種：[8]

一、使用或持續強制行為，希望迫使對方屈服而放棄其目標或行為。

二、使用正面的獎勵行為，希望達成類似的結果。

三、藉由談判達成雙方妥協的解決方案。

四、透過第三方協助，達成相同的妥協效果。[9]

根據以上定義，凡是中共準備，或已經展開對台使用包括軍事演習、武力展示，乃至直接進犯等強制性的衝突行為模式，都屬於本書「台海軍事衝突」的範圍。

本書所使用的「介入」或「干預」一詞，係intervention的中譯。在國際關係的學理上，干預亦為一個國家遂行其外交政策的手段之一。[10]國際關係學者皮爾生（Frederic S. Pearson）與羅徹司特（J. Martin Rochester）將「干預」區分為軍事干預（如派遣軍隊至他國境內）、經濟干預（如資助敵對國政權的反對勢力、經濟制裁），以及外交干預（如提供盟邦對抗造反勢力的諮詢）等三種。[11]據此，台海發生軍事衝突，舉凡經濟制裁、預防外交到軍事手段等都是美國解決危機的可能選項。但是皮爾生認為經濟制裁對化解軍事危機的效果並不大。[12]

在一九九六年台海危機時，當時的美國國防部長裴利（William J. Perry）在危機解除後，有感而發地表示，一旦中共已經開始軍事行動，就表示預防外交的作為已經沒有獲得效果。[13]

由於本書所探討的「台海軍事衝突」的時機，著重於中共準備或已經展開對台軍事行動，美國雖然仍可能以「預防外交」因應，但是比重將減低，[14]重點將以實際危機反應為主，而軍事行動將是主要的手段。因此，本書所欲探討的美國介入的方式與範圍，將以軍事層面為主，也就是針對美國軍事介入的可能性分析，並就此提出筆者的觀點。

由於本書的主旨並非預測中共可能犯台的時間，為避免不必要的混淆與誤解，本書係根據美國與中共的實際情勢與採取的軍事作為當作參考依據，時間因素並不影響本書論證的合理性，因此對本書研究所涵蓋的時間範圍並不擬做時間上的限制與界定，而以「未來」做一個廣義的時間界定。

國內外學者怎麼看？

有關美國介入台海軍事衝突的相關議題，國內外學者多有專論著述。

國內部分，林正義認為美國出兵台海可能獲得國會、民眾支持，但是如果在軍事行動上採行單邊獨立的作為，則可能成為獨行的強權。[15]陳毓鈞則著重政治與外交面，引證一九五四年及一九五八年台海危機時，美國內部處理台灣問題的態度，另從《戰爭權力法案》等美國國內法以及美中關係，認為美國在對外用兵行為上會更趨謹慎，並會極力避免介入台海的戰爭。[16]一本由多名國內學者編寫的《未來台海衝突中的美國》則從可能會影響美國處理台海軍事衝突的變數來探討美國的意圖，包括：《上海公報》、

《建交公報》、《八一七公報》與《台灣關係法》等所謂的「三公報一法」，美國處理歷次台海危機之經驗，美國海外用兵之模式，台海兩岸衝突之成因等。[17]該書論點之一認為若中共之目的在迫使台灣談判，則「發動地對地導彈之攻擊的可能性並不高」。該書另研判「中共若對台灣本島發動導彈攻擊，以城市、工商業中心等平民目標為主要目標最符合中共效益」。[18]

對此觀點筆者持保留的態度。對台實施導彈攻擊，是中共現今以軍事手段處理台灣問題時付出代價與風險最少，卻可收威懾台灣之效的最有利的方式。不論是國防部或國外軍事戰略專家，如布萊爾將軍，都將中共導彈列為台灣當今所面臨的最嚴重威脅。[19]

在導彈攻擊的目標方面，由今中共對台動武已逐漸調整為以「威懾」而非「殲滅戰」的方式達成政治目的，[20]而中共一旦決定攻占台灣，也將以讓台灣「又盲、又聾、又啞」喪失作戰指揮、管制與通訊能力為首務，[21]以利其打贏「高技術條件下局部戰爭」。在這種作戰思維下，不論是從軍事面或戰略面，相較於各指揮中樞、雷達陣地、通訊中心或發電廠的重要性，城市、工商中心等平民目標都只具有較低效益的軍事價值。

國外部分，蘭德公司的報告認為美國應調整遠東兵力部署，以因應未來台海地區的衝突。[22]軍事戰略學者卡利薩（Zalmay Khalilzad）則主張美國應該表達台海衝突若非台灣挑起時，美國將會防禦台灣反制中共攻擊，因此美國應在琉球建立「前進作業據點」。[23]陸伯彬（Robert S. Ross）研判中共若對台動武超過三天以上可能招致失敗。原因在於，中共將無法征服台灣，同時可能會因此與美國開戰，所以必敗無疑。[24]

筆者認為陸伯彬的看法稍嫌樂觀。雖然中共強調「遠戰速勝、首戰決勝」的速戰觀念，[25]但是筆者從對中共解放軍戰爭觀點的研究發現，經過多年的辯證與演進，解放軍當今的戰爭觀實際是「人民戰爭」、「局部戰爭」以及「軍事事務革命」三種論點的融合。不同於「局部戰爭」以及「軍事事務革命」觀點所強調的速戰作戰思維，「人民戰爭」思想主張中共必要時應該遂行長期的低強度戰爭，運用謀略與欺敵，採取以空間換取時間的策略以及「不對稱作為」，將戰場態勢由劣勢扭轉為優勢。[26]美國戰略學者、前國防部助理次長白邦瑞（Michael Pillsbury）即曾指出，在美國以中共為對手的兵棋推演中，發現美國雖然有全世界最強大的軍備，但是囿於傳統思維，美軍面對無所不用其極的解放軍作戰，卻往往落敗。[27]因此，作戰時間拉長，也可能是中共為了消耗、遲滯美軍戰力所採取的策略，未必不利於中共。

筆者從相關文獻資料發現，雖然學者專家的論述都各有精闢與獨到處，但是幾乎都有一個共同的不足之處，亦即大部分的論述都僅止於學理層面的探討，甚少從實際負責規畫、計畫與擔任軍事介入任務的美國軍方的作戰思維、作戰準則、教令等用兵原則，依據軍事介入的理論，實際模擬推演美軍可能的行動以及可能面臨的問題，而尋求更周延、更臨真的結論。

就此，筆者認為相關的議題仍然有許多值得探索與研究的空間。例如：對台軍事行動是否有明確的政治與軍事目標？就美軍的能力而言，該目標是否合理？是否可以達成？又，美軍一旦涉入台海軍事衝突，縱使贏得勝利，但是否得以順利脫身？更重要的是，可能導致的風險及從全球戰略與國家利益考量的利弊得失為何？本書就是針對這幾個部分提出筆者的觀點，並作為論證的基礎。筆者期望藉由本書的研究，能夠彌補上述的盲點，以期在相關議題的研究上提供新的視野。

第一部 美國國家利益與軍事介入

沒有人在發起一場戰爭或有意動武前，不先在他的心中仔細地思索這場戰爭究竟要達成什麼目的，以及如何遂行戰爭達成該目的。

——普魯士名將及軍事理論家 克勞塞維茲（Carl von Clausewitz）

【第一章】

美國的國家利益是什麼？

從美國過去介入海外事務與對外用兵的歷史案例研究發現，不論是發動大規模的波斯灣戰爭，或是小規模的軍事介入海地衝突與出兵索馬利亞，基本上，美國都不脫維護或爭取國家利益的動機。未來如果台海發生軍事衝突美國是否介入？介入的程度與方式？筆者認為美國決策者的基本考量就是美國的國家利益以及可行的軍事手段。在探討美國介入台海軍事衝突可能性的相關問題之前，本書將分別就美國的國家利益與政策之間的關聯性，以及美國軍事介入的概念、原則，與美軍遂行介入政策的用兵方式與型態提出探討，據此作為本書論述的理論基礎。

國家利益的概念

依照學者紐契特倫（Donald E. Nuechterlein）的定義，國家利益是「國際關係中，主權國家與其他國家互動時，所認知的需求與期待」。[1]國家利益同時可以被視為政治分析的概念或政治行動的準則。若將其當作分析的概念，可以描述、解釋與評估一國外交政策的本質；若把它看成政治行動的工具，則可以說明國家為何要合理化、支持或反對某項外交政策。[2]這兩種看法都試著為國家找尋最好的行動方針。據此，經由對國家利益的探討，可以確切說明、解釋與評估國家的對外行為。

莫根索（Hans Morgenthau）認為國家利益是各國外交政策所欲達成的基本目標，通常是根據國家社會的「核心價值」而定。所有國家至少有三種基本的利益，分別是：[3]

一、維護國家的生存，包括人民的生命安全及領土的完整。

二、增進人民的經濟福祉。

三、維護國家的獨立自主。

紐契特倫以美國國家利益作為分析的基礎，首先強調美國的利益有「根本」（也就是「不會改變」）及「可變」兩種因素。不變的部分形成美國的持續性利益，包括國防、貿易、世界秩序與美國文化價值的促進，而變動的部分依特定事件形成不同程度的反應。[4]

根據紐契特倫的歸納，美國有防禦、經濟及世界秩序三種根本利益：[5]

一、**防禦利益**：亦即所謂的「國防利益」。指保護美國人民、領土和機構不受潛在的外來危險之侵害。在美國歷史上，防禦利益受重視的程度通常視政府及人民對外來威脅的認知，以及美國安全實際受到的危害而定。

二、**經濟利益**：指推行美國的國際貿易和投資，促進自由市場經濟，增進美國繁榮。其中包括保護在國外的美國私人利益。由於美國的地理位置不容易遭受外來侵略，所以在美國歷史上，經濟利益向來是美國最重要的國家利益。

三、**世界秩序**：為美國人民理想主義性格的反映。指建立一個不必訴諸戰爭，即可解決爭端的和平的國際制度，透過「集體安全」而非「片面行動」來嚇阻或對付侵略者。這種利益有時也被稱之為「國際利益」。主要目標在促進美國民主價值，建立一個由強國維持和平的世界穩定秩序。此種利益亦同時處理聯盟及權力平衡等問題。

為了進一步界定美國政府賦予某些外交政策問題的價值基礎，紐契特倫在上述三種利益的基本架構下，視問題遭受威脅時的嚴重性與使用武力保護這些利益的急迫性劃分優先等級。由於該等級可能因主政者對問題迫切性的認知不同而改變，所以具有可變性，包括：[6]

一、**生存利益**：國家遭遇立即或明顯的危險，並可能影響人民生命財產的安全及國家安危。

二、**關鍵利益**：任何可能危害國家安全、人民福祉與國際和平環境的事項，均可視為關鍵利益。生存利益與關鍵利益看似類似，都與人民生命安全及國家安危有關，但是生存利益具有時間的急迫性，而關鍵利益一般是針對潛在的威脅而言。[7]

三、**主要利益**：大多數的國際問題都可能涉及國家的主要利益。其衡量標準在於國家經濟利益、政治穩定、人民福祉是否受到影響。若對手國不願意以談判方式解決，則相關問題可能會升高為關鍵利益。大部分的經濟和意識型態爭端均屬於主要利益。

四、**邊際利益**：又稱「次要利益」。凡是事件的結果不涉及國家福祉的事項都屬於邊際利益，例如跨國公司涉及的投資與經營問題。

除了莫根索與紐契特倫所做的界定，洛伊德（Richmond Lloyd）認為藉由歷史、政治、經濟及文化的連結，美國的國家利益與其他盟邦緊密結合在一起，所以盟邦的生存安危也應該視為美國的國家利益。[8]

國家利益具有紐契特倫所言的可變性，因此是否適合作為政府擬訂政策的依據？如果答案是肯定的，國家利益與政策兩者間有何關聯？這是本書首應釐清的重點。而透過對相關問題的研究，將有助於本書後續探討美國國家利益與美國是否介入台海衝突的政策之間的關聯性。

國家利益主導美國外交政策

鈕先鍾認為政府在制訂任何決策時，會根據國家利益來決定國家目標，再依循國家目標決定國家政策及戰略。[9]中共軍事學者李際均則指出，一個國家的戰略目標不論是國家層次或軍事戰略層次，其目標追求的基礎都是來自於當前國家綜合需求所表現出來的國家利益；而國家利益更是戰略的最高準則。[10]然而，由於國家利益的界定可能受主政者主觀認知的影響，因此標準不一致，是否適合用來作為制訂國家政策時的主要考量？對此美國學界有不同的看法。皮爾生與羅徹司特認為國家利益的意義太過籠統含混，並不適合用作決策者的指導方針及學者解釋國際現象的架構。[11]羅司洛（James N. Rosenau）則批評不論是客觀主義者或主觀主義者都無法理性地將國家利益作為分析工具，雖然「國際政治的教科書長久以來堅持國家的行動在保護並瞭解它們的國家利益」。[12]不同於以上學者的否定態度，洛爾（Klaus E. Knorr）主張國家利益與外來的機會與挑戰相互依存，明確界定國家利益可以驅使政府隨時注意外來的威脅。當這些機會或挑戰經由評估後被認為值得追求時，此利益就應轉化為國家戰略的目標。[13]紐契特倫雖然同意因為各家學者對國家利益的定義各有自己的一套看法，而使其意模糊混淆的說法，但是他解釋「國家利益」一詞從中世紀起就已經被政治家、學者及軍事規畫者用在民族國家的外交政策及國家安全目標之上。除此之外，美國的總統及國務卿在共和時期之初就已經使用「國家利益」一詞，現在更普遍地用來定義美國外交政策的宏觀目標。[14]

美國是否根據國家利益制訂國家政策？其答案應該是肯定的。柯林斯（John M. Collins）在《大戰略》一書中，將國家利益比喻為國家目標及大戰略的「泉源」，認為國家利益是一個國家最重要的必需品。[15]艾利森（Graham T. Allison）亦主張「明確的國家利益為美國外交政策持續唯一的基礎」。[16]美國的國家戰略構想及政策都是基於美國的國家利益，並以達成支持這些國家利益的國家目標為實踐。[17]冷戰時期美國總統雷根一九八七年的《美國國家安全戰略》，與冷戰後美國總統柯林頓一九九九年十二月的《新世紀的美國國家安全戰略》，這些由美國總統公布、揭櫫美國政府全盤國家安全戰略觀的報告，其內容皆包括：「美國利益」、「支持美國利益的主要目標」及「對美國利益的主要威脅」等章節。[18]其中柯林頓政府更將國家利益區分為「關鍵」、「重要」及「人道與其他」三個層級。[19]裘兆琳研究柯林頓時期的海外用兵政策，認為美國「是否」及「何時」用兵，基本上都是根據國家利益的考量。[20]

另外，美國國家利益委員會亦將國家利益區分為關鍵、極為重要、重要、次重要或次級利益等四種層級。[21]美國學者認為將國家利益區分為不同層級的主要目的之一是在告知各方，美國決定使用武力的政策依據，以及美國為了哪些利益寧願冒置美國部隊及國家信譽於火線的風險而採取軍事行動。[22]

美國的國家利益或因政權更替而有所調整，但是如紐契特倫所述，其根本的利益是不會更變的，對美國的國家政策具有關鍵性的影響。筆者歸納美國政府所重視的國家利益主要包括下列六要項：[23]

一、確保美國的安全與行動的自由為首要利益，包括：維護美國主權、領土完整與自由。

二、保障在國內外的美國人民及重要設施的安全。

三、尊重並信守對國際的承諾，包括，保護盟（友）邦的安全與福祉，特別是防止歐洲、東北亞、亞洲沿海地區、中東、西南亞等重要地區被敵意主宰。

四、促進西半球繁榮。

五、全球經濟蓬勃發展，維護國際海空域與太空及資訊網絡的安全。

從以上的研究發現，「民主政治」、「人權」、「經貿發展」與「國家安全」為近年來美國政府國家利益的核心，也是美國政府制訂政策時的主要考量。

【第二章】美國軍事介入的原則與方式

軍事介入的定義與目的

哈斯（Richard N. Haass）於《介入：後冷戰世界美國軍力的運用》一書中指出，軍事介入「並不是例行的訓練或常態性的軍力展示。而是為了支持國家利益，對某地區引進或部署新增或額外的作戰部隊之軍事行動」。[1]根據哈斯的論點，美國的軍事介入包含兩種截然不同的運用範疇：其一是傳統式的，也就是美國為了實質的軍事目的出兵海外，去制止另一個國家或該國的武裝部隊意圖或實際採取軍事行動侵略他國。武力使用包括阻止侵略、斥退一個國家強行控制另一個國家領土主權的侵犯行為，或摧毀其潛在的軍事能力。其二則是以武力影響另一個國家的內部事務或政治情勢。[2]

雖然，哈斯的觀點並未得到完全的認同，例如：菅托生（Bruce W. Jentleson）、雷外特（Ariel E. Levite）及伯曼（Larry Berman）等人就認為單純的「動武」並不符合「介入」的要件，只有介入他國的內部事務才算得上是「軍事介入」。[3]不過，根據美國《國防部軍語字典》的解釋，軍事介入是指「一個國家以武力介入現存爭端的過程」。[4]哈斯的論點還是較能解釋美國當今軍事介入的看法。

不同目的的軍事介入

軍事介入依目的之不同可區分為：嚇阻、預防性攻擊、威迫、懲罰性攻擊、維和行動、作戰、塑造和平、國家重建、禁制、人道支援、間接性武力運用等十一種類型：[5]

嚇阻

嚇阻是指「勸阻敵人使其相信採取某項行動所付出的代價或風險將超過獲益」。[6]武力的使用是嚇阻的要件。就軍事手段而言，從單純的調動部隊、武力展示、演習到實際的動用武力都是達成嚇阻目的的手段。[7]

預防性攻擊

預防性動武係指在其他國家或團體軍事能力尚未發展至具威脅的程度前，即以武力制止，或在該軍事能力已經構成威脅後將其摧毀。[8]歐耿斯基多年前根據其「權力轉移理論」就提出「為了防止崛起者的威脅與挑戰，可在對手國還未成氣候前先發制人予以制壓、摧毀對手」的「預防性戰爭」概念。[9]一九八一年以色列基於國土安全的考量，對伊拉克境內的歐西拉核子反應爐展開先制攻擊，[10]即是預防性攻擊的例子。美國在遭受恐怖攻擊事件後，先發制人行動成為美國政府的國家安全戰略觀，強調美國將在威脅迫近美國國土之前就「先下手為強」予以摧毀。[11]

威迫

威迫是指威脅敵國將對該國重要軍政設施使用武力，目的在於迫使對手改變其行為，以使其不再繼續從事正在進行的行動。[12]威迫與嚇阻最大區別在於前者有積極使用武力的意圖，而後者則持被動的態度。[13]根據亞特（Robert J. Art）的說明，成功的嚇阻在於不必動武就能屈服敵人；而成功的威迫行動則視能多快使對手屈服並依照所要求的事項行事。[14]「砲艦外交」是典型威迫的例子與模式。[15]藉由使用或威脅使用海軍艦隊武力，而從國際爭議的事件中或是屬於他國領土或主權管轄範圍內奪取利益或避免損失。[16]美國在二十世紀初曾藉此獲取大量利益。

懲罰性攻擊

主要目的是讓對手為其犯行而付出代價。但是，懲罰性的行動並不能保證敵國未來不會再採取相同的行動。[17]施予懲罰性攻擊最大的限制，在於很難找出該事件真正的主導者。許多的恐怖攻擊事件正是如此。然而該項證據正是說服民眾或國際社會支持所必需的。例如，小布希總統為了攻打伊拉克，在美國與聯合國提出多項證據指出伊拉克擁有大規模毀滅性武器，並不斷指出海珊與恐怖分子的關聯，以獲取民意支持，並取得正當性。[18]

維和行動

維和行動主要目的在於恢復衝突地區之和平。[19]它是根據《聯合國憲章》第六章「和平解決爭端」的理念，[20]在數個爭端團體之間達成一個脆弱的政治協定之後，在爭端國領土部署非武裝或輕武裝的維和部隊，建立緩衝區，以防軍事衝突再起。[21]周煦指出，這種在維持和平行動中兼採維持和平與解決衝突的作法，有別於冷戰時期聯合國安理會只能消極性地維持和平，形成所謂的「第二代維持和平行動」。[22]維和部隊必須保持公正中立，不評斷爭端的是與非。[23]主要扮演監督者與觀察者的角色，除非被迫或基於自衛，否則使用武力永遠是最後的手段。[24]而如果不可避免地要使用武力，也必須盡快結束，減小規模與範圍。[25]

作戰

作戰是一種高強度的介入行為，與維和行動分處於軍事介入的光譜兩端。[26]《美軍聯合作戰準則》指出，作戰的目標在達成國家的目標，並且在有利於美國及其盟邦的條件下，給予敵人決定性的一擊，結束敵意行動。[27]美國《國家安全戰略》強調，美軍在遏制無法奏效的情況下，將運用一切可用的兵力與資源，果斷地擊敗任何敵人，以獲得戰場上制壓敵人的主控權。[28]相關作為包括改變敵國的政權或占領其領土，直到達成美軍的戰略目標為止。[29]

塑造和平

塑和的軍事行動型態介於維和與作戰行動之間。[30]相較於第二代維持和平行動「和平解決爭端」的理念，屬於第三代維持和平行動的「塑造和平」，主要的特色是運用《聯合國憲章》第七章的權力，不徵求與衝突有關的各造或主權國家之同意，就強制執行維和任務。[31]美國軍方部分人士諷稱此為「惡化的維和行動」。[32]哈斯認為塑和是一種進入到維和階段的過渡。其情境既不屬於可容許的範圍，但是也未壞至深具敵意，是一種不確定的狀態。一九九三年美國與聯合國介入索馬利亞的行動，就是塑和行動的典型案例。[33]

一般作戰任務的目的是重創敵人來解決問題，但塑和的軍事行動是以創造有利於維和人員運作的和平環境為目標。如果塑和行動成功，應該迅速轉移至維和或是國家重建的階段。因此，強調盡量避免過度使用武力，戰鬥也侷限在一定範圍。[34]又，不同於維和的爭端各造都已具有基本的共識，在塑和過程中，爭端當事者可能仍不滿現狀安排，或排斥外來勢力介入。因此，塑和部隊必須配置重裝備，隨時準備應付突發挑戰。

國家重建

國家重建是處理動亂被平定的衰敗國家或是作戰失敗的投降國家的一種選項，可算是「撤出策略」的一環，屬於一種侵犯性的介入，其方式與過程因情況而異。[35]除了另立政治領袖，建立實施民主與自由市場機制的政府亦是重要手段之一。[36]就美國而言，利用國家重建的手段，建立一個符合美國國家利益的友好政權，是美國軍事介入的主要目的。

美國在二十世紀初為維護巴拿馬運河的利益，曾出兵古巴、海地、巴拿馬、墨西哥等中美洲和加勒比海地區國家。當時美國出兵後，分幾個步驟協助地區展開重建：首先舉辦選舉，選出一位有政治基礎而友善的領袖當政；其次，由美國訓練國民兵維持秩序；接著，設立中央銀行償還外債，然後推動美國在當地的投資以發展經濟。[37]美國國會甚至要求接受援助政府接受「普拉特式條約」，讓美國在該國內亂時有權出兵干預該國內政。[38]

國家重建為一艱鉅與複雜的工程，例如：美國當初計畫攻打伊拉克面臨最重大的問題之一，就是如何解決戰後伊拉克的重建工作。[39]基於協助重建的需要，必要時協助國將長期占領當事國直至新政府可以正常運作並承擔治國大任為止。二次世界大戰後，美國在日本成立軍事政府即為其例。

禁制

禁制包含連續及直接運用武力阻止特殊裝備、資源、物品、人員到達戰場、港口或特定地點。禁制可藉由加強海上與空中的制裁行動達到效果。[40]

人道支援

人道支援涵蓋的範圍非常廣泛，從單純的災難救助，到介入他國違反國際法律規範的行為，例如：種族淨化、種族屠殺、內戰等。根據趙國材的分析，冷戰後美國成為國際社會上唯一獨霸全球的超級大國，人道主義成為軍事介入他國內部衝突的法律依據。[41]柯林頓政府將人道因素列入美國的國家利益與用兵的考量因素，[42]並在一九九八年對科索沃之人道干涉即為最好的例子。

間接性武力運用

間接性的武力運用包括協助人員訓練、提供武器軍備、情報交換等，以軍事交往為主要手段的各種方式。在美國的決策者認為，軍事交往是促進盟邦安全、強化聯盟及建立建設性安全關係的必要機制。[43]美國軍方平時即藉由各項雙邊軍事活動，例如：聯合性質的教育與訓練、軍對軍的交往與互動、安全協助，以及其他不同類型的軍事活動來推展安全關係，以獲取全面性的國家安全利益。[44]除此之外，為了因應一些特殊的情況，美國軍方擔任了與「既不是堅強盟邦，但也未達實際敵人程度」的國家或團體的交往窗口，並藉此鼓勵這些非敵非友的國家遵守國際規範，從而建構和平的基礎。[45]

美國軍事介入的原則

從冷戰時期開始，美國國內對「何時」及「如何」使用武力就有各種不同的討論與看法。美國前國防部長溫柏格（Caspar W. Weinberger）在一九八四年提出所謂的「溫柏格主義」，明確指出美國在承諾海外用兵前必須符合六項條件，[46]其中三項與「是否」應該使用武力有關，包括：必須至關美國國家的重大利益或是威脅到盟邦的安全；應該得到美國人民與國會支持的合理保證；承諾用兵應該是最後的手段。另外三項牽涉「如何」用兵，分別是：必須有優勢的兵力以及明確求勝的企圖；必須有清楚的政治以及軍事目標；應該不斷地評估、檢討兵力的需求（如數量、編配等）並隨狀況改變而調整。

波灣戰爭之後，曾擔任過溫伯格軍事助理、[47]時任參謀首長聯席會議主席的鮑爾將軍就美國軍事介入的問題，提出海外用兵前應該考量的六項要點：[48]

一、軍事介入的政治目標是否重要？是否被清楚地界定並為有關人員所了解？

二、其他非暴力性質的政策手段是否已經失敗？

三、美軍的力量是否能達成該目標？

四、可能要付出哪些代價？

五、是否已經評估過利得與風險？

六、一旦情勢因動武而被改變，後續如何發展？以及可能的結果為何？

在上述所謂的「鮑爾準則」的六要點之中，鮑爾根據其波灣戰爭的經驗，特別強調第三點的重要性，[49]亦即：「用兵必須要謹慎地配合政治目標，但是該目標所要達成的結果也必須合理可行；一旦必須動用武力，應該以優勢兵力執行任務。」[50]

約在鮑爾提出海外用兵六要點的同時，當時的眾議院國防委員會主席亞斯平（Les Aspin）在出任美國國防部長前夕，根據鮑爾的要點以及美軍動武的方式，歸納出四項海外出兵的原則：武力必須是最後才使用的手段；必須基於明確的目標；必須訂出撤軍的準據；以壓倒性的方式使用武力。[51]隨著高科技武器的發展，亞斯平認為精準導引武器將可以提升作戰效率，並降低美軍部隊直接參戰的程度，減少作戰風險。[52]

柯林頓執政時期，美國對是否應該軍事介入海外事務亦有多種的看法。當時的國務卿克里斯多福（Warren Christopher）認為美國使用武力有四個先決條件：有明確的目標；成功的公算大；得到人民與國會的支持；清楚的抽身策略。[53]

柯林頓總統則表示，決定是否用兵，首先考量的是美國的關鍵利益是否遭受威脅，其次，用兵前美國必須考慮幾個問題：[54]

一、是否已經嘗試所有可能達成目標的非軍事性的手段？
二、是否有一個明確界定，而且合理可行的任務？
三、威脅環境為何？部隊將遭遇那些風險？
四、需要做那些努力，才可以達成目標？
五、可能付出那些代價？包括生命以及財產。
六、為了維持因應更嚴重威脅的突發狀況的能力，可能的代價為何？
七、是否有周詳的行動進度及預期的終戰狀態，以作為下達終止戰爭決策時的指導。

美國軍事介入的政策在美國二〇〇一年九月十一日遭受恐怖分子攻擊之後有了重大

的轉變。九一一事件讓小布希總統認為核生化武器及彈道飛彈科技的擴散，讓一些弱小國家與小團體已經有能力對大國造成重大傷害，決定檢討美國半世紀以來「嚇阻」與「圍堵」並重的國防策略。[55]當時的美國國防部長倫斯斐首先於二〇〇二年五月在《外交事務》季刊上提出「攻擊是最好的防禦」的國防思維，他主張必要時美國應採取「先制作為」的預防措施，將戰爭帶到敵境，以避免美國再遭攻擊。[56]小布希總統隨後在西點軍校發表演說時明確表態，美國必須準備先制行動。[57]小布希總統在其上任的第一份國家安全戰略報告，指出美國軍事戰略將轉變為「對發展大規模毀滅性武器的有敵意國家與恐怖團體採取先發制人行動」。[58]

根據該報告筆者歸納，未來美國使用武力主要有三項原則：[59]

一、對抗與摧毀國際性恐怖主義與恐怖組織為美國國家安全戰略最優先目標。

二、在對抗恐怖組織與支持恐怖組織的國家手段上，採取先發制人的手段。

三、專注於敵人如何採取可能的作戰行動，而不是戰爭可能在何時何地發生。

歸納上述，筆者認為美國海外用兵的原則或因主政者不同而有所差異，但是對一些共同原則的考量卻不會改變，諸如：以國家利益為依歸、風險承受度、明確的介入目的、敵人的反應、清楚的退出政策、民意支持、速戰速決等。這些將是未來美國對外用兵的主導因素。

美國軍事介入的方式

以下將從美軍的觀點，從其相關的作戰準則教範，如《聯合作戰準則》、《聯合參謀軍官手冊》，以及美國參謀首長聯席會議的研究報告等資料，歸納美軍執行軍事任務必須考量的原則與理論。主要目的不僅單從戰術或戰技層面，「數武器決勝負」；也從軍事思想的層面，以美軍高階指揮官與軍事規畫者的立場，思考、分析未來台海衝突時，美軍可能採取的軍事行動。筆者分別從美軍介入衝突的規模以及軍事手段兩方面，探討美軍執行介入政策的軍事行動類型。

依美軍介入衝突的規模區分

較小規模應變行動

美軍較小規模應變行動一般是指緊張程度高於和平時期一般性的軍事交往，但是介入的規模尚不及主要戰區戰爭的軍事行動。[60]美國國防部《國防計畫指導》將較小規模應變行動區分為十四項不同型態的聯合／聯盟的軍事行動，分別是：反干預、人道干預、制壓作戰、落實和平協議、後續和平行動、衝突區維和行動、國外人道援助、國內救災、強化禁航區作業、海上臨檢、反毒、非戰鬥人員的撤離行動、武力展示、有限攻擊。[61]

冷戰結束後，美軍介入較小規模緊急應變行動的頻率大增。從一九四七年至一九八九年的整個冷戰時期，美國只介入了十六件衝突事件。[62]但是，從一九八九年至一九九八年不到十年的時間，美國介入海外較小規模應變行動的事件大約五十次以上，[63]而且有越來越多的介入行動，要花更長的時間才能結束任務，據估計約有三分之一任務需要超過十二個月。[64]

雖然美國頻繁地介入較小規模緊急應變行動會加重美軍兵力的負擔，例如：在一九九七年，美軍平均每天要部署超過三萬一千名的士兵到全球七十個不同地區的國家執行任務。[65]但是美國也從這裡獲得許多可觀的利益，例如：透過軍事介入，可以提升美國領導者的地位，並驅使盟邦以積極態度追求雙方的共同利益。此外，藉由計畫並執行複雜的軍事行動，也增進了美軍指揮與管制的技巧與訓練。[66]

主要戰區戰爭

美國國防部目前並未對「主要戰區戰爭」的定義做出明確的界定。美國國防大學的研究指出，「主要戰區戰爭」是美軍採取行動，嚇阻或擊敗由某一國家或聯盟對美國盟邦或地區採取的大規模侵略性行為。[67]實際作為包括聯合/聯盟軍事行動，俾對高強度的衝突投射、運用與持續支援美軍戰鬥與戰鬥支援部隊。[68]主要戰區戰爭並不應該僅被侷限於敵軍大規模進犯邊界的行動，應將敵軍飛彈、海、空與兩棲部隊參與的跨海峽攻擊行動都納入考量。

依軍事手段區分

美軍《聯合作戰準則》將美軍的軍事行動，依手段區分為「戰爭」及「非戰爭的軍事行動」兩種類型。[69]兩者可以單獨運用，也可以同時併用。

戰爭

戰爭的目標在贏取勝利、嚇阻戰爭及解決衝突：在贏取勝利方面，美軍的作為包括大規模的戰鬥行動、攻擊、防禦與封鎖；在嚇阻戰爭及解決衝突方面，主要的作為包括強化和平、非戰鬥的撤離行動、奇襲、武力展示、反恐、維和、反動亂等。[70]《聯合作戰準則》特別強調，一旦決定發動戰爭，美軍要盡可能地速戰速決，並且將傷亡減至最低。[71]

非戰爭的軍事行動

美軍「非戰爭的軍事行動」屬於軍事行動的一部分，不過目標主要著重在嚇阻戰爭與促進和平。執行該任務以陸、海、空軍、航太及特戰部隊為主，但是也需要美國政府各行政機構與非政府組織的協助。[72]

非戰爭的軍事行動分為「使用或威脅使用武力」以及「不使用或不威脅使用武力」兩部分。[73]前者針對國家或地區可能的武裝暴力與動亂，使用武力嚇阻戰爭的發生，例如：武力展示與威脅動用這些武力。一旦嚇阻失敗，就必須動武平亂，用兵的型態包括奇襲、強化和平、反恐、加強制裁、海上臨檢、非戰鬥的撤離行動等。俟亂事平定之後再迅速恢復和平的狀態。[74]而不使用武力的「非戰爭的軍事行動」則是藉由武力所產生的嚇阻效果，降低爭端國彼此之間武裝衝突的緊張狀態，並藉此維護美國在外國領地上的影響力。[75]行動包括人道支援、災難救護、國家援助、打擊恐怖主義、武器管制、反毒、非戰鬥人員的撤離行動、維和行動等。[76]值得注意的是，不使用武力的情況下，美軍雖然並不直接涉入戰鬥性質的事務，但美軍仍然必須做好戰鬥準備，一來為了自衛，另外也是為了隨時應付突發狀況。

美軍用兵要考慮「四個問題」

美軍的戰略指導係基於美國《國家安全戰略》與《國家軍事戰略》，整合國家與軍事目標（目的）、國家政策與軍事構想（方法），以及國家資源、軍事武力與資源（手段）。[77]根據美軍《聯合作戰準則》所述，戰略指導主要目的之一在確使軍事行動的「戰略目標」被明確界定、充分瞭解，並且可以達成。[78]

美國海軍戰爭學院海軍作戰研究中心是美國海軍研究海上作戰主要機構之一，其前主任施密特（Michael N. Schmitt）認為政治目的視國家利益而定；國家決策者在設定政治目的時，應把握目的不宜太多且盡量單純的原則。[79]所謂「戰爭是政策的工具」，[80]美軍認為軍事行動必須要有明確、可行的戰略目標作為達成政治目的連結與指導，如此戰爭才不至於變成漫無目標、虛耗戰力的行動。[81]

美國處理外交與軍事危機的決策，通常是在國家安全體系的架構下進行。根據周煦的分析，該決策呈現「同心圓」的模式（圖一），位居圓圈最內層的是決策核心，包括總統及其主要顧問，諸如國務卿、國防部長、國安會顧問、參謀首長聯席會議主席、中情局局長等。[82]其中總統、副總統、國務卿、國防部長等四人為「國家安全會議」的法

圖一　美國外交決策的同心圓模式

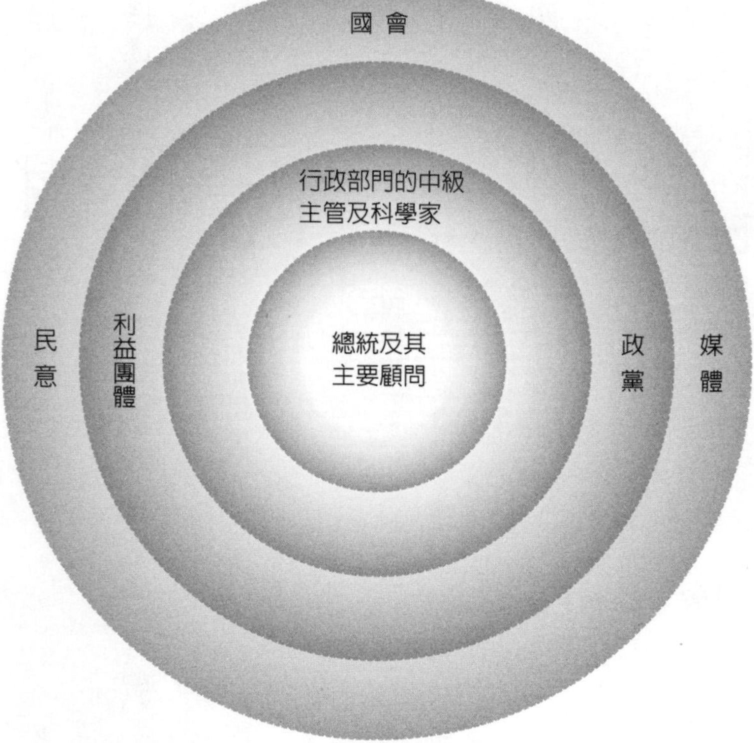

資料來源：周煦，2001，〈美國府會軍事權力的爭辯：以布希政府出兵波斯灣為例〉，收錄於裘兆琳編《後冷戰時期美國海外出兵案例研究》，台北：中央研究院歐美研究所，頁104。

定成員，[83]而總統與國防部長又同為美國最高軍事指揮機構——「國家指揮機構」的法定成員。[84]當狀況發生，且緊張程度逐漸升高，如果國家安全決策核心考慮動用軍事力量介入，「國家指揮機構」將要求相關地區的作戰司令部總司令提出因應的解決方案。[85]

從美國軍方的角度，美軍越戰戰敗的經驗讓美國職業軍人極力避免因政客只問政治、不重視軍事專業，而被迫走上戰場，打一場任務不清的仗。[86]以一九九一年美國波灣戰爭的戰爭決策為例，當時的參謀首長聯席會議主席鮑爾將軍因為堅持美國文人決策者在決定對伊拉克動武前，應該先明確界定「動用部隊要達成什麼目的」，與國防部長錢尼發生過多次激烈的爭辯。[87]

鮑爾的堅持源自於一九六〇年代參加越戰的背景，以及美國貝魯特行動失敗的教訓。他在接受美國公共電視專訪時曾坦承，越戰對他是一個難以磨滅的不愉快經驗。[88]鮑爾亦曾表示，美國政治人物在越戰中一再以政治干預軍事專業的作法頗令他反感。[89]由於當時的聯參會不具影響力，未促使政治領袖替越戰定下清楚的作戰目標。[90]最後反而讓在戰場上出生入死的軍人背負戰敗的責任，成為無辜的受害者，也讓他感到不平。[91]另一個不愉快的經驗是貝魯特。鮑爾認為美軍介入貝魯特爭端夾在交戰雙方之中，面對的是貝魯特敵對雙方一群各自為了自身重要利益而願意犧牲赴死的貝魯特人民。在美國政府還沒弄清楚要達成什麼目的時，美軍就被迫投入一個狀況不明的環境，讓美軍身陷其中，造成二百四十名美國陸戰隊戰士、七十名法國士兵傷亡的慘痛結果，引發美國人民極大不滿。[92]

因此，鮑爾認為身為文人領袖的最高軍事顧問，他的責任不僅是提供軍事選項，也有義務協助決策者釐清政治目的。所以他極力主張在危機一發生的時候，就應該先把類似的問題攤在政治決策者之前討論，「逼使」其做出明確的決策。唯有這麼做，軍方才會有明確的戰略指導，也才可以了解軍事行動要達成什麼政治目的，據以擬定軍事行動的戰略目標與方案。[93]

為了順利達成軍事任務，也兼具保護美國軍方免因文人的草率決策，被迫執行一場「不可能的任務」，淪為政治人物的祭品，美軍要求軍職領導者在接受任務，準備以軍事手段介入時，必定要先瞭解政治領導者所企達的政治目的；因此，提出了基於軍事的專業立場應該思考的「四個問題」：[94]

一、**目標**：為達成戰略目標，要創造哪些有利的軍事，或與之有關的政治與社會態勢？

二、**方法**：哪些行動可以創造上述的有利態勢？

三、**手段**：如何運用資源完成該項行動？

四、**風險**：行動可能的代價及風險？

四個問題中以第一個問題最具關鍵性，卻也往往最讓美軍軍事策畫者困擾。克勞塞維茲在《戰爭論》中論述戰爭的本質時曾指出「政治目的是軍事行動的目標，戰爭是達成該目的的手段，手段絕不可以脫離目的」。[95]這也就是鮑爾曾一再強調「用兵必須謹慎地配合政治目的，但是該目的所要達成的結果也必須合理可行」的道理。鮑爾也特別提醒，負責軍事決策的領袖，不論是軍職或文職，在討論遣派多少師的軍隊、多少艘的航空母艦、多少架的戰鬥機之前，都應該先問：「要達成什麼目標？」[96]因為，目標必須明確，「四個問題」才得以推演，並作為制訂行動計畫的參考依據。[97]

可是，就衝突發生的性質或原因而言，有些狀況可以軍事手段獲得解決，但是有些卻可能要以外交或經濟的手段為主，軍事手段只應該扮演支援者的角色。[98]如果決策者在未清楚衝突的原因與介入的政治目的前，就貿然下達軍事介入的行動，可能因戰略目標不明確或窒礙難行，而將影響美軍任務的成敗。相關的案例，遠者如美軍在越戰吃足苦頭卻又打了敗仗；近者在一九九八年美英聯手對伊拉克發動代號「沙漠之狐」的大規模空中攻擊，卻僅得到有限的效果。[99]兩次都是因為缺乏明確的戰略目標所致。[100]而在二〇〇二年美國準備出兵攻打伊拉克，類似當年波灣戰爭鮑爾與錢尼為了出兵問題雙方激辯的歷史又再度重演。美國國防部長倫斯斐對美國軍方「觀念保守」，未能依其所要求提出攻擊伊拉克的作戰計畫大表不滿。然而，軍方將領卻認為在沒有明確了解出兵的政治目的、要達成什麼目標前，美軍無法擬定軍事計畫，雙方因而發生杆格。[101]

終戰指導：克敵未必致勝

另從戰略的角度，軍事行動的勝利與否，必須由是否達成政治目的以及與該目的有關的終戰目標來衡量。[102]就達成政治目的而言，如果沒有終戰指導處理戰爭結束後的善後問題，縱使有周詳的行動計畫也未必能達成政治目的。

由於終戰的性質將決定對手國國家的未來，[103]因此，軍事介入除了要有周詳的「贏的計畫」，也必須要有一套能夠長遠解決危機的「衝突後行動方案」，[104]包括如何撤出、國家重建、和平維持等工作，而最重要的是如何防止威脅再起。

以一九九一年「波灣危機」為例，美軍出兵波斯灣雖然打了一場漂亮的勝仗，美軍的介入也確實達成了老布希政府將海珊逐出科威特的政治目的，[105]這場仗理應視為成功的軍事任務，諷刺的是，成功的軍事任務打的卻是一場「不完全的戰爭」。老布希當時曾以「滿意但非歡欣鼓舞」含蓄地表達了他的遺憾心情。[106]

事實上，美軍的終戰指導亦為作戰計畫的一部分，[107]終戰的策略是基於「國家指揮機構」用兵的意圖，例如是要推翻政權，成立軍政府，託管、扶持新政權，或是摧毀有生戰力，還是僅止於逐退犯敵，或是有其他的考量而定。[108]從達成政治目的的觀點，武力具有兩種功能：

一、以絕對的優勢武力制壓對手的有生戰力與政治政策，這是一種強制性的達成終戰目的方式。

二、以武力為後盾，運用談判手段讓對手屈服讓步。談判實力來自於戰勝及軍事實力：戰勝可以從軍事、政治、心理、地緣，以及經濟、賠償上獲得談判籌碼；軍事實力則可讓對手國覺得備受威脅，迫使其接受談判，進而達成終戰目的。

從軍事行動的觀點，美軍提出終戰的建議必須考量：終戰的時機與止戰的狀態，以及諸如達成目標所需時間、代價、兵力估算等撤出的問題。[109]

第二部 中共對台動武的因素與可能方式

一般來說，以戰爭手段所獲得的結果通常都不會被認為是最終的結局，而將僅被視之為暫時之惡。不久之後，戰勝國仍須從政治層面尋求解決之道。

——克勞塞維茲

【第三章】
中共人民解放軍軍力

美國國防部在二〇〇二年《中共軍力評估報告》就已指出，中共為了提升傳統軍力的水準，以及強化戰略核威懾方面的能力，二〇〇二年增加國防預算百分之十七．六，使其官方公布的國防經費達兩百億美元。[1]但是若還原其隱藏部分，中共實際軍費總額約六百五十億美元，僅次於美國，[2]排名世界第二，亞洲第一。[3]該報告分析中共軍事現代化的目的，除了贏得台海衝突中的勝利之外，主要在嚇阻美國的介入。未來一旦台海有事，甚至將對美國本身構成威脅。[4]

為了因應台灣問題以及可能導致的外力干預，中共的軍事建設特別重視爭奪制電磁、制空、制海權及聯合登陸作戰與抗擊航母戰鬥群所需之戰術戰法與軍備發展。[5]近年來透過向俄國採購武器以及自行生產製造，解放軍提升了彈道飛彈、戰機、潛艦、海軍艦艇作戰效能，建立了特種部隊、空軍、海軍和飛彈武力對台灣展開攻擊的能力。[6]

解放軍陸軍

解放軍陸軍自鄧小平時代開始進行一連串軍事現代化的工程，從改善武器裝備、增加訓練頻率，戰力已經明顯的提升。[7]未來對台海均勢的影響以及對台灣安全的威脅，實不容輕忽。

解放軍改革的進程始於一九七八年十二月中共召開黨十一屆三中全會，鄧小平對於國際戰略形勢變化的判斷。一九七〇年代末期，國際形勢有了重大的變化，首先，東西對抗趨向緩和，對話代替對抗。其次，一九七九年美國與中共結束長期敵對，建立了外交關係。在「低盪」[8]的國際氣氛之下，鄧小平遂提出「世界大戰打不起來」的論斷，使解放軍由準備「早戰、大打、打核戰」的臨戰狀態，轉到和平時期軍隊建設。[9]解放軍開始著手研究在現代條件下準備應付可能發生的局部戰爭或突發事件。一九八五年中共中央軍事委員會召開擴大會議，決定建軍思想的戰略轉變，從「世界大戰不可避免」的看法轉為對「局部戰爭」的看法。[10]一九九一年波灣戰爭更啟動了解放軍以高科技武器裝備獲取戰場作戰優勢的新戰爭觀，促使中共軍方思考如何提升解放軍的高技術武器裝備性能，從而在高技術條件下打贏人民戰爭。[11]一九九七年九月，江澤民在十五大政治工作報告中提出「加強質量建設，走有中國特色的精兵之路」，中共裁減軍隊員額五十萬。[12]解放軍陸軍的兵力規模已從原來約一百個師精減至約五十個師，資源轉用到軍事現代化上。[13]

中共為了因應現代化戰爭多屬機動性強、強度小、速度快、規模小，但是卻具決定性影響的作戰行動，以及強化解放軍的快速部署、機動、打擊能力，以解決周邊地區小規模和區域性衝突，早在一九八四年，中共即在蘭州、南京、廣州與武漢等地區成立被稱之為「拳頭部隊」的小型快速反應部隊。波斯灣戰爭之後，解放軍更投入大量經費和人力發展特種部隊。這些部隊不僅武器裝備、訓練較為精良，後勤、經費亦頗為充裕，且部分具有電偵、電戰能力；[14]可執行包括偵察及監控，建立或摧毀敵人指揮通訊設備、交通網點，占據或摧毀空中、港口設施，摧毀敵人防空力量等任務，[15]快速反應部隊又為其中的重點，[16]未來在對台作戰時，對台灣防衛形成嚴重而直接威脅。

解放軍空軍

中共解放軍空軍是一支包含航空兵、地空導彈兵、高射砲兵、雷達兵和空降兵等五個兵種的軍種，擔任國土防空、支援陸海軍作戰、對敵後方實施空襲、進行空襲與航空偵察等任務。[17]中共解放軍空軍原來的角色是在作戰時配屬陸軍，擔任「防空型」的作戰任務，但是波灣戰爭以及科索沃戰爭，美軍運用優勢空中兵力，發動遠距離攻擊獲致勝利，讓中共頗為震驚。

從波斯灣戰爭，解放軍發現在四十二天的戰鬥中，有三十八天是空軍打的；[18]中共也從中得到借鏡，「喪失空優將導致敵人政治脅迫及羞辱」。[19]而一九九九年科索沃戰爭，美國率同北約空軍，以大量高科技精密武器空襲南斯拉夫，完成一次以空軍單一軍種為主的戰役勝利，更是讓解放軍印象深刻。這兩場戰爭讓中共解放軍空軍得到許多啟示，認為解放軍空軍未來將面臨與歐美國家爭奪太空戰場，及武力解放台灣時爭奪台海「制空權」的兩大難題，必須及早採取處置措施。[20]二十一世紀，中共空軍將逐步實現現代化，由人力密集型轉向科技密集型，從數量規模型轉為質量效能型；解放軍空軍的軍事戰略將由消極被動的「防空型」改向主動積極的「攻防兼備」進攻型轉變；空軍的作戰任務在聯合戰役中將從配屬陸軍的「從屬關係」調整到平等的「夥伴關係」，[21]要求空軍須有「當主角」的心理準備，在戰役中空軍須「首當其衝，全程使用」，並能進行「相對獨立」的空中戰役。[22]

為了配合新戰略，中共空軍著手調整戰鬥序列，並大量淘汰舊機種。解放軍空軍軍事現代化的構想，係植基於未來的空戰將在高技術條件下遂行空中攻擊的想定，以殲擊機在空中格鬥中奪取制空權，以強擊機、轟炸機避敵先進戰機截擊而空襲敵戰場目標、指揮通信雷達系統、後勤基地為主要課題；並以運輸機、直升機搭載空降兵，快速襲奪敵人後方機場，建立登陸橋頭堡為主要建設項目。[23]

解放軍海軍

中共海軍的建軍目標可分為兩個方面：其一是有效地遏制和打贏局部戰爭和軍事衝突，為台海衝突做準備；其二是為捍衛海洋國土、保障海洋資源、擴展海上防禦縱深，朝向「藍水海軍」*邁進。

解放軍海軍現代化進程分為三個階段：[24]

第一階段：二〇一〇年，注重全面提高近海綜合作戰能力和執行各種海上戰役的能力，在海軍戰略運用上能夠有效地遏制和打贏局部戰爭和軍事衝突，並加快發展海上大型作戰平台和海軍中遠程精確制導武器，為其後的發展奠定基礎。

第二階段：二〇一一年至二〇二〇年，形成以大、中型海上作戰平台為核心的兵力

* 編按：指能將海上力量擴展到遠洋及深海地區、具備遠征作戰能力的海軍型態。

結構，在海軍運用戰略上要達到有效控制「第一島鏈」以內的近海海域之戰略目標，也就是具備再以「第一島鏈」為前沿的近海海域奪取制海權的實力，以及具有打贏高技術條件下的海上局部戰爭的能力。在此期間，並應著重發展信息化艦隊及其作戰手段、方法。

第三階段：二〇二〇年至二〇五〇年，開始向區域性海軍全面發展，形成以大型海軍作戰平台為核心的兵力結構，在海軍戰略運用上要具備在西太平洋的廣闊海域與軍事強國及一些地區性大國爭奪制海權的能力，確保中共的大國地位，維護中共的海洋權益和保衛中共海區的安全。

欲達成此目標，解放軍海軍深知第一要務須提升艦隊戰力，因此必須擁有更新、更現代化的戰艦與潛艦；此外，由於海區防禦範圍擴大，艦艇的武器配備須具備應付多元威脅的作戰能力。中共從加強研發產製與對外採購兩方面著手，進行海軍現代化建設。

戰略部隊（二砲）*

彈道飛彈

針對台灣加強

彈道飛彈的數量與科技是目前中共領先台灣的軍事武力之一。二〇〇二年，中共有東風系列短、中、長程、洲際彈道飛彈約五百餘枚，[25]美國國防部研判未來中共的導彈將達到一千枚，以短、中程導彈為主。中共針對台灣在福建沿海部署的短程彈道飛彈，[26]美國國防部認為這些飛彈是當今影響兩岸軍力平衡最嚴重的發展之一。[27]中共軍方高層曾威脅美國前國防部助理部長傅立民（Charles Freeman），如果中共每天對台灣發射一枚導彈，持續三十天，台灣一定就會小心謹慎。[28]

解放軍有一個團級的「東風十五」型（M-9型）導彈部隊部署於江西樂平地區，前進（預備）陣地則分布江西、福建一帶地區。「東風十一」型（M-11型）改良型飛彈部署於福建，射程均可涵蓋台灣全島。[29]根據國科會太空計畫室研究員謝清志博士的說

* 編按：二砲是中國人民解放軍第二砲兵部隊的簡稱，即中國戰略導彈部隊，二〇一五年更名為火箭軍。

法，中共正配合「全球衛星定位系統」提高傳統M-9與M-11短程彈道飛彈的精確度，[30]目前精準到三十至四十五公尺內，將對台灣的政、軍指揮設施構成嚴重威脅，使台灣執行軍事行動的能力更加複雜化。[31]

如果中共擴大對台灣導彈部署，飛彈來襲的預警時間將隨之減少。尤其中共在台灣海峽對岸建立更多的飛彈基地，加上解放軍建立不少地下基地以及誘餌和欺敵設施，預警時間幾乎不存在。[32]對這種趨勢發展，美國前太平洋作戰司令部總司令布萊爾將軍表示，雖然中共的攻台能力尚不足，但是對台海兩岸導彈力量的失衡，值得關切。[33]未來中共將日漸倚賴彈道飛彈武力，作為影響台灣人民及領導人的潛在軍事及政治武器。[34]

中共將來可能對台灣的飛彈戰術不外兩類：一是為達成其政治目的間歇性的演習或攻擊；二是為防止台灣獨立所採取的密集且持續的攻擊。[35]

針對外國勢力

根據美國國防部的分析，中共的飛彈部隊主要用來作為對付美國的一種戰略嚇阻手段，要求擁有一支具存活力的長程飛彈部隊。[36]這幾年來，中共不斷致力發展反制美國在亞洲兵力的中程彈道飛彈，並且以美國城市為目標、用以嚇阻美國行動的洲際彈道彈道飛彈（圖二）。[37]

圖二　中共彈道飛彈涵蓋範圍

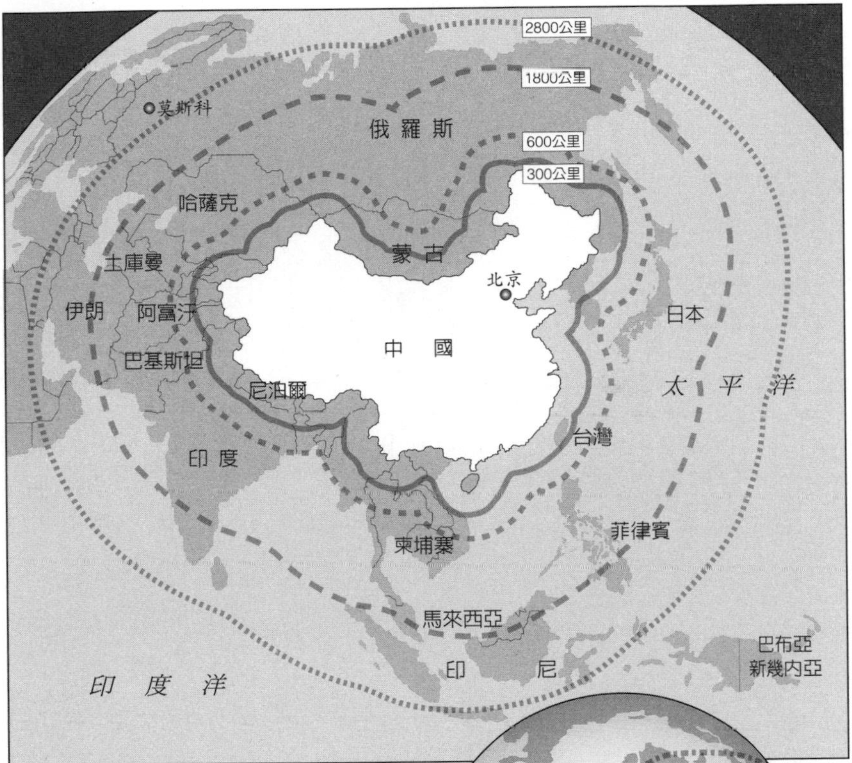

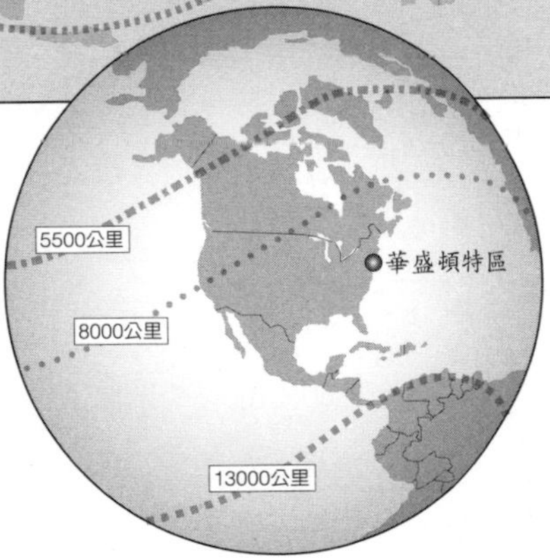

資料來源：U.S. Department of Defense, 2001, *Proliferation: Threat and Response*, *Washington*, DC: U.S. Department of Defense, p. 16.

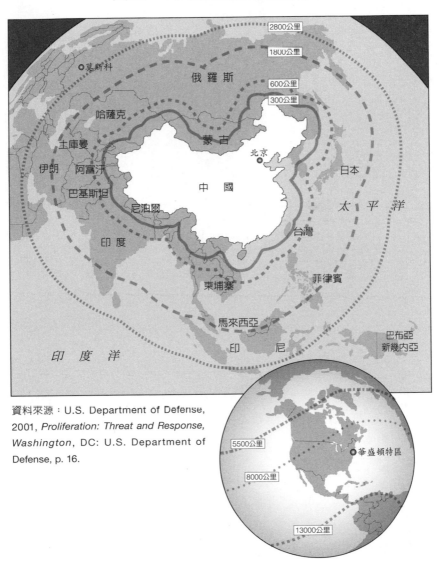

中共也計畫未來台海衝突時使用陸運機動式的東風三十一型導彈來對付介入的美國太平洋部隊。[38]一九九七年起，中共開始東風三十一型導彈的海基型——巨浪二型多彈頭核導彈潛射測試，[39]未來如果部署在〇九四型核動力彈道飛彈潛艦上，對美國將構成更嚴重的威脅。

二〇〇二年美國副助理國防部長布魯克斯（Peter T.R. Brookes）在台灣國防部長湯曜明訪美時強調，「美方非常關注中國在台海繼續部署攻擊性導彈，而且中國海空軍的發展看來也是針對台灣，這將危及台海地區的和平」。[40]美國前國防部長倫斯斐曾公開聲明部署「國家飛彈防禦系統」，主要不是對付流氓國家，而是針對中共日益增強的核子武力與二砲部隊。[41]

核子武器

中共明確地表示，有限度的長程核武能力，是國家力量與威望的重要組成要素；擁有核能力有助於中共遂行外交政策，並可支援中共的國際地位。中共的戰略核武準則視戰略核武部隊為針對敵人威脅或實際的攻擊行動發揮嚇阻作用的一種手段，可在從事報復性打擊時，對美國大部分人口構成危害。[42]二〇〇二年時，中共已擁有核彈頭約一百枚，[43]正透過核武現代化計畫提升其核武飛彈部隊的規模、準確性與存活力。根據季北慈（Bates Gill）與馬福隆（James Mulvenon）的研判，在未來的十至十五年內，比現有核武更準確、更機動、可靠度更佳的第二代核武將完成戰備，屆時對美國的威脅將更形嚴重。[44]

【第四章】

影響中共對台動武的因素

雖然中共前副總理錢其琛曾表示，兩岸經貿和人員往來日益密切，「兩岸同胞是兄弟手足」；[1]江澤民也曾表述「沒有人比我們更希望通過和平的方式解決台灣問題」。[2]中共前總理朱鎔基首度將「一個中國」新「三段論」正式列入政府工作報告。[3]但是，不論在二〇〇〇年公布的《一個中國的原則與台灣問題》對台白皮書或是同年發表的《二〇〇〇年中國的國防》國防白皮書中，中共仍一再強調「不放棄對台使用武力」。[4]江澤民在中共第十六次全國代表大會報告上更以強硬的口吻表示，「絕不承諾放棄使用武力」[5]，他並且提出警告，「台灣問題不能無限期地拖延下去」。[6]

中共不放棄對台動武

中共之所以不承諾放棄對台使用武力，從《一個中國的原則與台灣問題》對台白皮書中的「三個如果」——「如果出現台灣被以任何名義從中國分割出去的重大事變」、「如果外國侵占台灣」、「如果台灣當局無限期地拒絕通過談判和平解決兩岸統一問題」，中共將採取一切可能的斷然措施，包括使用武力[7]——以及江澤民的十六大報告：「針對外國勢力干涉中國統一」和「台灣分裂勢力搞台灣獨立圖謀」的說法雖然可以看出一些端倪，[8]但是，實際而言，影響中共對台灣動武的因素牽涉的層面非常廣泛，頗為複雜，筆者認為有下列六點主要因素：

一、民族情感與民族主義的遺緒

在中共憲法序言中，明白宣示台灣是中國神聖領土的一部分，「完成統一祖國的大業是包括台灣同胞在內的全中國人民的神聖職責」。[9]江澤民一九九九年年底在北戴河中央工作會議聲稱：「台灣問題是民族歷史問題，因此，不能在我們這一代留下惡名。」[10]中共擔心台灣獨立將造成國家分裂，必要時必須忍痛採取強硬的措施。

美國麻省理工學院政治學教授克里斯汀森（Thomas J. Christensen）在美國智庫「全國亞洲研究局」的研究報告指出，中共對台灣社會近幾年「去中國化」的現象感到憂心，也非常擔心美台關係、美日關係和美國整體國防策略的趨勢，這種情勢升高了中共在未來五至十年在台海動武的危險。[11]

二、避免產生骨牌效應

如果中共對台灣的分離主義行動手軟，將鼓勵其他地區如西藏和新疆地區的分離主義分子起而效法，也會打擊人民解放軍的士氣，影響中共內部的安全。

三、共產黨害怕失去統治的合法性，中共領導人擔心個人失去政權

兩岸統一問題攸關中共政權的存續。對中共而言，政權保衛的重要性甚於國家的富強，[12]沒有任何一位中共領導人能承擔得起坐視台灣獨立的後果。[13]美國國防部分析，就中共領導人而言，「國家統一」、「安定」與「主權」是中國得以生存與發展的三項關鍵條件，其中又以國家統一最為重要。中共之所以必須要維持國家統一有國內外安全環境的問題、歷史經驗、國家目標等考量因素，其中最重要的是對中國共產黨政權合法性的挑戰。[14]當中共領導人考慮的不僅是國家安全，更為了鞏固其政權時，為防止台灣正式走向獨立，將更有對台動武的意願。[15]例如，中共完成領導交替，中共新領導群在中央仍不具備足夠的個人權威，兩岸問題很可能成為影響其政治前途的罩門，因此在處理上會特別敏感，未來對於台灣方面的刺激性言論或舉動勢必反應會趨於強烈。

四、轉移對內部困境的注意

此雖非直接因素，但是不能排除。香港《百姓》雜誌曾披露，中共若無法解決中國大陸經濟問題，最後可能對台灣進行軍事冒險，依賴戰爭以轉移內部矛盾。[16]當前中共內部面臨諸多問題：在政治上，新疆、西藏及內蒙少數民族分離運動及法輪功組織和人權問題始終未獲解決，顯示中共對內無法完全掌控。在經濟上，各地區經濟不協調、貧富差距拉大。在社會上，國有企業改革政策，使得「下崗」失業人口遽增，龐大的「盲流潮」流動於農村和城市之間。[17]為穩定國內全盤情勢，並解決所面臨的問題，未來一旦大陸內部問題危及政權，中共極可能藉軍事行動轉移內部的不滿情緒。

五、外力影響

如果中共認為台灣與美國、美國與區域盟邦的政治與軍事趨勢的發展，在未來將使得台灣問題更加棘手，則存在中共在較短期藉用武力脅迫的可能性。[18]

六、中共是否已經具備攻台的軍事能力

在所有因素中，這是最不可被忽視的條件。毛澤東的「十大軍事原則」的第一條就

是「不打無準備的仗，也不打無把握的戰」。[19] 一九七三年周恩來在會見台灣留美學生時說：「如果台灣問題很容易解決，我們當然不會真那麼傻，按兵不動。總之，中國的立場是不錯方向，不失機會。如果方向沒有錯，機會沒有到，我們是有耐心等的。」[20] 一九七九年鄧小平對美國參議員訪問團表示，在五年之內，美國不用擔心中共會攻打台灣，因為中共根本沒有這種軍事能力。一九八五年胡耀邦對媒體表示，中共仍無力犯台，但認為只要中共把經濟搞好，就有攻台的軍事力量。[21] 從上述中共領導人的談話可知，當中共具有攻台的軍事能力時，對中共領導階層主觀的攻台意圖有直接影響。[22]

美國國防部對中共進行軍力評估時得到一個論點：中共加速軍事現代化進程，為其將優先以和平方式解決台灣問題的宣示投下變數，中共軍力的提升反映出北京使用武力達成統一目標的意願正在提高。[23]

台灣要有足夠的防禦實力及國際支持

不過，從另一個角度，一國是否具有發動戰爭的軍事能力，尚須視對手國的軍事實力而定。台灣如果具有堅強的防禦實力，一方面本身有能力採取抗壓作為，讓中共企圖不易得逞；另一方面，也將使中共必須付出更大代價才能達到目標。依照前項動武意圖與軍事實力之間的關係成正比的論點，或許這可以減低中共領導人犯台的意圖。

台灣要擁有足以嚇阻或擊退中共犯敵的防禦實力，除了靠獲取防衛所需的先進武器裝備及堅強的民心士氣，建立自身的國防力量外；最重要、也是最關鍵的因素就在於國際，特別是美國支持台灣的程度。克里斯汀森認為有三個關鍵因素會提高中共在台海用兵和對美國作戰的可能性：[24]

一、北京低估美國和台灣抵抗的決心和持續力。

二、北京相信如果美國忙於應付另一場戰爭，將無法或不願長期介入台海爭端。

三、北京相信他們可以藉武力和外交手段離間美國與區域盟邦。

這些論點除了證明台灣的安全必須依賴國際的支持，也說明了中共視「外力介入」如芒刺在背的原因。弔詭的是，國際的支持或許可以相對削弱中共犯台的戰力，使台灣安全得到較高的保障。但是這卻又可能促使台灣主張獨立的人士有恃無恐而更往統獨光譜中獨立的一方偏移，因而又激發中共「台灣分裂勢力搞台灣獨立圖謀」的疑慮，進而陷入前文所述的困境，引發兩岸雙方更緊張的關係。

前副總統連戰曾對美國前國防部長裴利表示，他擔心兩岸關係會出現「兩個誤判」：第一個誤判是台灣方面高估美國對防衛台灣的承諾，因而做出挑釁中共的動作；第二個誤判是中共方面低估美國維護亞太地區和平安定及協助保衛台灣的決心，於是企圖以武力威脅台灣。[25]

從以上分析可知，中共具有對台動武的意圖。雖然一般認為中共一旦用武必須付出龐大的政治、經濟代價，也可能損及中共在區域及全球的利益；[26]而中共領導人對萬一對台軍事行動失敗，將威脅共產黨的統治政權也有所體認，[27]但是上述因素並不會減低中共在使用武力解決台灣問題的決心。

根據國際關係學者皮爾生與羅徹司特的研究，各國領袖在遇到嚴重的內政、外交問題，被迫採取侵略性的外交政策的時候，經常依他們的需要而扭曲事實，把風險算得很低，利益算得很高。[28]以此證諸中共高層一再強調「寧失千軍，不失寸土」的說法，筆者認為只要兩岸之間衝突的原因與上述所述的因素有關，特別是台灣尋求獨立，縱使動武有其風險，中共仍可能不惜對台一戰。

【第五章】
中共對台動武的可能方式

在研判中共對台動武模式之前，有必要先探討中共解放軍如何看待未來的戰爭。從其對戰爭的觀點可以了解其軍事戰略思想，進而分析中共未來的用兵方式。

人民解放軍對未來戰爭的觀點與辯證

波斯灣戰爭對中共人民解放軍的軍事戰略思想帶來很大的衝擊。根據白邦瑞的分析，中共對未來將面對什麼樣的戰爭內部產生三種截然不同觀點：「人民戰爭」、「局部戰爭」、以及「軍事事務革命」。

這三派思想與中共對未來安全環境的認知，有著不可言喻的關聯。如果中共研判未來的主要對手是一個極力想瓦解中共以防中共挑戰其霸權的美國，則「軍事事務革命」將成為主流思潮。假如有關未來的預測顯示，中共可能在短期內面臨挑戰，如印度、越南入侵邊界、南中國海緊張情勢升高、台灣宣布獨立，則主張「局部戰爭」者將占上風。若中共預測中國大陸未來可能會遭受強權，如美國、日本的侵犯，或瓦解中共政權時，則強調「人民戰爭」者將受重視。[1]

對戰爭的型態認知不同，用兵的觀點也就有所差異。

「人民戰爭」思想主張中共應遂行為時多年的低強度長期戰爭，運用謀略與欺敵，採取以空間換取時間的策略，一開始可以放棄某些領土，並動員人民群眾投入游擊戰，以支援中共的正規軍對入侵敵人加以打擊。[2]該派人士認為：「在高科技戰爭中，我們仍應靠人民戰爭的原則來打敗具備優勢的敵人，因為人民戰爭可以大幅提升我們的作戰優勢並減弱敵方的優勢。在高科技戰爭中，只要我們能堅定地聯合各軍種部隊，結合各種戰鬥型態，並整合武裝作戰與非武裝作戰，則可以運用人民戰爭的強大力量來孤立敵人。」[3]

共軍「局部戰爭」思想強調應該準備打一場預警時間甚短、節奏非常迅速、「小規模」、限制地理範圍[4]的「高技術條件下的局部戰爭」的戰爭。[5]從一九八〇年代開始，中共軍方便把戰略焦點從打一場大規模的「全面戰爭」轉移到打有限的「局部戰爭」。一些局勢發展也強化了這種作戰方式，包括：以美國為首的聯軍打贏波斯灣戰爭、中共懷疑美國意圖以軍事「圍堵」中國、一九九六年台海飛彈危機兩支美國航空母艦戰鬥群接近台灣，以及中共擔心台灣走向獨立。這些條件使中共希望調整解放軍的規模與結構，俾打贏「高科技條件下的局部戰爭」。[6]

易言之，從解放軍的觀點來看，打贏高技術局部戰爭必須具備新的軍事理論。中共學者認為，未來高技術局部戰爭「初戰」的始點，已由戰役戰鬥的「第一槍」轉向戰略上的「第一槍」，亦即早在兩軍交鋒之前，便已展開政治圍堵、外交孤立、經濟制裁、武力威懾、情報蒐集、軍力部署，甚至採取軍事封鎖等戰略上的「第一槍」行動。未來對處於劣勢、守勢的一方，解放軍更需要爭取主動權。[7]其中的關鍵思維在於「先發制人」。

事實上，中共解放軍高層從一九九六年的對台軍事行動中體認，先發制人將是未來解決台灣問題的有效方式。在解放軍「局部戰爭」準則中，特別強調首戰即為關鍵戰鬥，中共積極防禦的戰略思想亦從未排除主動攻擊的意圖，中共解放軍將領糜振玉認為，只要情況容許，先制打擊將是積極防禦最佳的手段。[8]亦有部分解放軍官員認為，在局部戰爭中要掌握勝算，速戰速決，必須考慮對敵人發動先制攻擊，俾能達成目的。[9]

「軍事事務革命」思想則持另外一種有別於上述論點的看法，其認為現代戰爭的決定性因素，已經不再是兵員與裝備的絕大優勢，而是以質量優勢、高精準、縱深大、破壞力強之武器為主。[10]因此，中共應該防止與美、俄、日等國家在軍事能力上的差距繼續擴大，必須發展資訊作戰能力、大規模長程精準打擊能力、攻擊太空中敵衛星能力，以及對敵方本土發動核子攻擊以癱瘓指管系統的能力。[11]

強調軍事事務革命的觀念者，呼籲中共發展三項新的作戰能力：戰略偵察與預警系統；指揮與管制各軍種部隊進行戰鬥的單一網路；長程、精準打擊系統，包含戰術導引飛彈。[12]值得注意的是，軍事事務革命論者亦特別指出潛艦的重要性日增，將與水下自動布雷載具一起成為海軍的主要兵力；以及海上長程精準打擊能力可發動閃電攻擊，以提高第一擊的破壞率。[13]

經過多年的辯證與演進，從共軍現代的作戰方式觀之，中共解放軍當今的戰爭觀實為上述三種論點的融合。解放軍認為高技術已成為現代戰爭勝負的主要關鍵，其軍事戰略構想轉變為以打贏「高技術條件下局部戰爭」為主軸，強調要能夠「快速及有效地應付衝突」，儘早對敵人展開壓倒性的攻擊，並具備儘快結束戰爭的能力。[14]

為了提升作戰能力、「以弱擊強」，中共的作戰準則亦強調運用奇襲、欺敵、攻其不備、先發制人等屬於「人民戰爭」的作戰觀念，並以電子戰、資訊戰及戰術彈道飛彈等長程精準打擊手段，獲得戰場優勢。[15]在高技術局部戰爭中攻擊重心的選擇方面，由於高技術武器對於戰爭的影響和作用明顯增大，且其配置地域趨於分散化和區域化，又增加其對系統的依賴度，因此，攻擊重點將指向高技術武器集中的地區，如：機場、海軍基地、飛彈基地等；各高技術武器系統的節點如雷達偵測系統、電子作戰中心、通訊電信系統等；作戰決策樞紐如決策中心、軍事指揮控制中心、參謀作業中心等目標。[16]

根據此種軍事理論的指導，美國國防部所作的分析，指出近年來中共的戰略專家已經開始思考使用有限度的武力，以威懾而非殲滅戰的方式達成政治目標。[17]換言之，中共未來戰爭的作戰方式及其目標將有所調整，即並非採取傳統火砲或核武等第一、二波武器進行「硬碰硬」作戰，以達到大量殲滅敵軍部隊或兵器為其戰爭目的。新的作戰概念係運用彈道飛彈、巡弋飛彈、反輻射導彈、資訊作戰、電子作戰、反衛星武器、不定向與定向導能武器等「不對稱能力」，用以打擊敵人最關鍵的環節或最為脆弱的一環，進行「不對稱戰爭」。其目的在爭取軍事信息控制權，使得台灣「又盲、又聾、又啞」，完全癱瘓島內的高技術武器系統，使之失去作戰能力。[18]

中共對台動武的作戰準則

中共未來對台動武的主要政治目標，可能不再以征服台灣為主要目的，而是迫使台灣當局在中共提出的條件下回到談判桌，並接受有利於中共的解決方案。[19]而為了排除第三國的干預，中共一旦動武，將以速戰速決的方式，迫使台灣就範。[20]

從一九九五、一九九六年中共對台灣採取軍事威懾，到一九九九年兩國論事件在台灣海峽進行軍事活動，中共一向以強硬的軍事作為回應台灣情勢發展的問題，然而由於效果非如中共所預期，甚至導致台灣人民對中共「鴨霸」作風的忿懟。到了二〇〇〇年三月台灣總統大選前夕，中共顯然已經不主張採取軍事施壓的方式。[21]

九一一事件以後，中共為了因應台海兩岸情勢與改善小布希早先對中共的強硬態度，以穩定雙方關係，在對台政策上有一連串柔性的做法，這包括低調處理二〇〇一年一月呂秀蓮副總統加長訪美過境時間、三月國防部長湯曜明為斷交後首位我國防部長訪美、九月康寧祥也是二十三年來第一位進入美國防部五角大廈的我國防部副部長等。[22]二〇〇二年九月中共對台灣「一邊一國論」的主張，採取冷處理的方式對應，解放軍並未有任何針對性的軍事行動，更是具體顯示出中共對台思維的轉變。

根據美國國防部《中共軍力評估報告》所述，中共已經發展出一系列非致命性的威懾選項，包含政治、外交、經濟、軍事方式等。中共採取的威懾性戰略，將以外在的壓迫性作為，促使台灣內部以輿論影響決策者。[23]該報告並研判，不論是威懾或實際攻擊台灣，如果中共使用武力，其首要目標可能是塑造一種符合北京利益的談判條件。而採取這種方式，中共將必須以最快的方式擊潰台灣民眾的信心，並排除美國的干預。[24]中共可以透過突發的暴力行動，以達到嚇阻或懲罰台灣的目的；也可能採取逐步升高軍事壓力層級的方式，迫使台灣領導人採行符合北京利益的政策。另一方面，中共亦可能尋求一種拒斥台灣軍事反抗能力的行動，使台灣的領導層相信進一步的反抗將是徒勞。[25]

該報告亦提出警告，中共的威懾性作為可以包含信息戰、空中或導彈攻擊，也可以包含海上封鎖；而在沒有預警的情況下，中共可能以兩棲或空降的方式，迅速占領台灣幾個重要設施，迫使雙方達成協議。[26]如果中共的威懾式作為失敗，中共可能轉而企圖占領台灣全島。為了達成目標，解放軍必須擁有多元作戰的能力，包括空中攻擊、空降部隊、特種攻擊部隊、兩棲登陸、海上優勢行動、空中優勢行動、傳統飛彈攻擊等。[27]

由上可知，中共未來對台的可能軍事作為，正是前述戰爭觀的體現。美國國防部強調威懾性戰略為中共對台主要手段的論點雖然有別於以往，但是對中共武力犯台的手段與方式，基本上與過去國內外官方機構及學者提出的見解卻仍相近。姑且不論中共是否願意不計代價，或是有足夠能力以軍事行動解決「台灣問題」，綜整各方的看法（表一），一旦中共決心以武力犯台，其所採取的步驟與手段仍不會脫離以「封鎖」、「導彈攻擊」、「空海作戰」等方式、配合各種低強度衝突策略，繼以「三棲進犯」登陸台灣本島為主要方式。

表一　中共對台動武可能方式與手段

主張來源	方式與手段
①《中華民國八十二～八十三年國防報告書》	1.以戰機迫近海峽中線，造成台海空防困擾，影響社會秩序、工業生產及民心士氣。 2.以M族飛彈突襲，震撼軍民心理。 3.在台海製造海事糾紛，再藉口護漁，以海軍逐步攫取海峽主控權。 4.運用機漁船、艦艇及飛機襲擾外島運補航線，藉機擴大事端。 5.突襲並奪取東沙、烏坵、金馬群島。 6.對台灣地區發動大規模正規與非正規全面攻擊。
②香港中共軍事專家張大銘	1.採取先發攻擊行動。 2.實施飛彈飽和攻擊。 3.爭取台海制海權。 4.建立灘頭登陸據點。 5.利用數量優勢進行消耗戰。 6.結合運用民間資源以增強戰力。
③美國中共軍事專家畢辛格與季北慈	1.低強度脅迫行動（如軍事演習、武器試射、海上衝突、祕密顛覆等）。 2.經濟（海上）封鎖。 3.對台灣城市和戰略目標實施有限飛彈攻擊或空襲。 4.全面進犯。
④蘭德公司的報告	第一階段：雙方爭奪空優，中共以導彈、戰機對台重要設施實施攻擊。 第二階段：與第一階段同步展開，爭奪海峽控制權，中共海、空兵力齊發實施制海作戰。 第三階段：解放軍取得空優後準備入侵。以空中攻擊摧毀海岸防守據點、砲兵和戰車集結地點。 第四階段：登島作戰，包括兩棲登陸作戰、機降作戰和直升機攻擊堅強的工事據點。
⑤美國國防部一九九九年《台海安全情勢報告》	1.截斷台灣海上交通，封鎖台灣港口。 2.大規模的飛彈攻擊。 3.以及大規模登陸。

⑥前國防部長唐飛	1.「威脅行動」。包括利用傳媒誇大渲染各種軍事演訓或散布攻台消息、謠言，或藉海峽南北演訓集結兵力，再擴大演訓範圍至海峽中線附近挑釁、威懾。 2.「以戰逼和」。如果中共的準軍事行動不能達到目的時，可能對台採取下列行動：攻而不占任一離島，或是海空封鎖，或以海空飛彈攻擊重要戰略目標，或者更進一步攻占澎湖，誘殲台灣海空應援兵力。 3.高技術條件下三棲進犯，奪取制空、制海、制電磁權，創造有利犯台態勢。
⑦美國國防部「二〇〇〇年國防撥款法附加條款」	1.海陸兩棲或空降部隊進犯台灣本島或離島。 2.經濟封鎖台灣，迫使台灣在政治上讓步。 3.以空襲或飛彈攻擊台灣人口密集區、軍事設施、或重要經濟設施。同時設法避免或阻絕美國的干預。
⑧美國國防部二〇〇二年《中共軍力評估報告》	1.北京目前已經發展出一系列不具毀滅性的壓迫作為選項，包含政治、外交、經濟、軍事方式等。中共採取的壓迫性戰略，將企圖以內部輿論影響台灣的決策者。 2.中共的壓迫性作為可以包含信息戰、空中或導彈攻擊，也可以包含海上封鎖。在沒有預警的情況下，北京可能以兩棲或空降的方式，迅速占領台灣幾個重要設施，迫使雙方達成協議。 3.壓迫式作為失敗，北京可能轉而企圖占領台灣全島。為了達成目標，北京必須擁有多元作戰的能力，包括空中攻擊、空降部隊、特種攻擊部隊、兩棲登陸、海上優勢行動、空中優勢行動，及傳統飛彈攻擊等。
⑨《中華民國九十一年國防報告書》	1.藉演訓集結兵力，展開武力恫嚇。 2.利用傳媒渲染演訓、散布謠言或不實資訊；製造漁事糾紛或藉武裝漁船影響台灣正常海運。 3.以戰機、艦艇越過海峽中線挑釁，或對台灣周邊海域進行導彈試射；發動後方滲透及破壞、伺機擾亂台灣金融、股市及破壞軍、經建設，製造社會動亂。

資料來源：①國防部，一九九四，《中華民國八十二~八十三年國防報告書》，台北：黎明文化，頁六三。②張大銘，一九九九，〈中國未來十年犯台軍事整備〉，收錄於《台灣有沒有明天？——台海危機美中台關係揭密》（*Crisis in the Taiwan Strait*），李潔明（James R. Lilly）、唐司（Chuck Downs）編，張同瑩、馬勵、張定綺譯，台北：先覺出版社，頁一〇七~一〇八。③鄭海瀾（Harlan W. Jencks），一九九九，〈台海兩岸軍力對比的大膽臆測〉，收錄於《台灣有沒有明天？——台海危機美中台關係揭密》，頁一八六。④David A. Shlapak, David T. Orletsky, and Barry A. Wilson, 2000, *Dire Strait? Military Aspects of the China-Taiwan Confrontation and Options for U.S. Policy*, Santa Monica, CA: Rand, pp. 9-10.⑤U.S. Department of Defense, 1999, *The Security Situation in the Taiwan Strait, Department of Defense, Report to Congress Pursuant to the FY99 Appropriations Bill*. ⑥《中國時報》一九九九年十一月二十五日，版三。⑦《中國時報》二〇〇〇年十二月二十日，版一。⑧U.S. Department of Defense,2000, *Annual Report on the Military Power of the People's Republic of China*, Department of Defense, Report to Congress Pursuant to the *FY2000 National Defense Authorization Act*, pp. 47-48.⑨國防部，二〇〇二，《中華民國九十一年國防報告書》，頁六五。

中共對台動武的兩種可能模式

以下將分別從「威懾台灣」與「攻占台灣」兩部分探討未來中共對台動武可能的方式。

威懾台灣

為了達到迫使台灣與中共進行談判的目的，中共以具有針對性質的軍事演習，包括傳統兵力及二砲部隊導彈試射，對台實施封鎖，以及襲擾或奪取外島等方式對台灣施壓，達到威迫或嚇阻台灣的效果。

軍事演習

中共實施針對性的軍事演習具有多重效果與意義：

一、**可威懾台灣民心**。根據中共《解放軍報》報導，早在一九九四年十一月中共召開的軍事會議中，中共軍事專家即建議將「挑釁式的軍力展示」納入高技術局部戰爭的戰略運用；支持該主張者強調在軍事危機中，藉由展示軍力或許就可以威懾對手、遏制其行動，甚或避免一場戰爭。[28]

二、**可增加解放軍臨戰經驗**。中共從未間斷年度大規模三軍聯合登陸作戰演習，並以此深化為兩棲戰術演練，提升解放軍的渡海作戰能力。[29]

三、**鬆懈心防，演習可直接轉變為攻略行動**。美國海軍備役少將麥利凱（Eric A. McVadon）研究中共一九九六年台海軍事演習發現，中共預先部署與經常性的演習，可迷惑美國與台灣的情報單位，提高未來行動的不確定性。另外，在敵人難以捉摸的決策環境裡，長時間不斷出現愈來愈逼真的演習，將使很多人都在「又是演習」的期待中遲疑，鬆懈鬥志，以致來不及防禦。[30]

如果未來中共意圖展示軍力的方式脅迫台灣接受其條件，可能採取下列措施：

一、首先中共可藉演訓實施大規模的部隊調動，在東南沿岸集結龐大的解放軍部隊，或將導彈從其他基地移駐到台灣射程以內的地區，此舉將會造成台灣相當程度的不安，並升高島內的緊張情勢。

二、接著，中共可以在中國大陸東南沿海海域進行具有高度政治象徵意義，以台灣本島為攻略目標的三棲作戰演習，或是在台灣附近海、空域以試射導彈為名，進行導彈演習，展開武力恫嚇，影響台灣民心，進而製造輿論壓力迫使台灣就範。

封鎖

對中共而言，封鎖台灣的主要考量是截斷台灣經濟命脈，並且孤立台灣。中共領導人普遍認為對台灣實施封鎖不但是能力所能及，也是對台施壓最有效的懲罰手段。[31]此外，中共也認為這種作法可以減少外國勢力的介入。[32]

封鎖可以布雷、潛艦或水面艦艇行之，[33]也可能以導彈威懾的方式，達到封鎖效果。台灣如果遭到中共封鎖將造成下列嚴重的影響：

一、使民心士氣產生巨大之衝擊。

二、立即破壞台灣的經濟貿易及對外航運之暢通。

三、可收打擊台灣作戰艦艇，逐漸消耗海、空軍戰力之效。

未來中共可以在台灣周邊海域對島上各主要港口，如高雄港、基隆港等港口實施近接封鎖。另外鍾堅分析，中共也可能在如圖三所示進出台灣的主要的公海航道上，採取以台灣船籍為對象的海上遠距離封鎖。

鍾堅所持的理由有三點：[34]

一、「文革十年浩劫」培訓的共軍軍校生已逐漸接班掌權，這些軍頭猛爆性的人格特質已成為台海亂源之所在。

二、認為中共不可以在他國經濟專屬區海域執行海上封鎖，是一廂情願的看法。在

圖三　台灣聯外海上航道及中共可能的遠程封鎖區

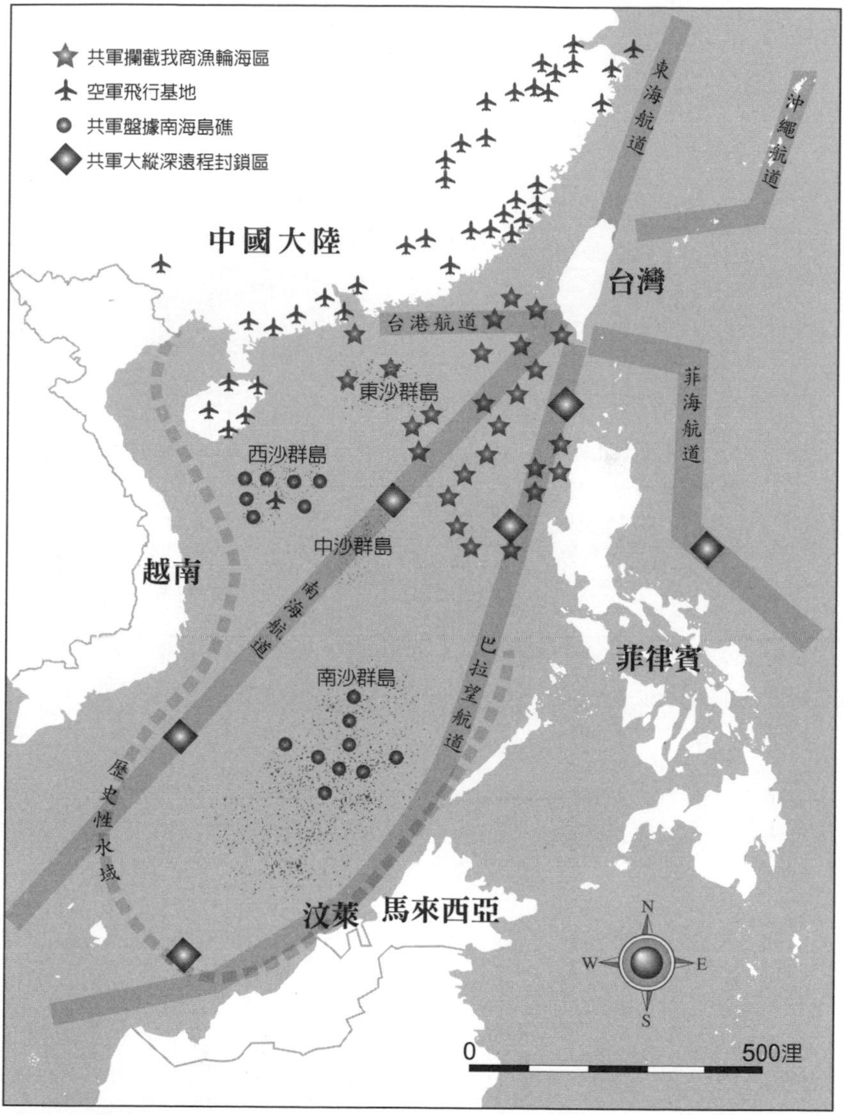

資料來源：鍾堅，1999，〈台灣聯外海上航道：遠程反封鎖之敏感性〉，《戰略與國際研究》1期2卷，頁61。

台灣聯外的三條重要航道，距台灣二百浬外固然駛入《美日安保條約》（如沖繩航道）以及巴拉望航道的涵蓋水域，距中國大陸東南沿岸共軍海空基地亦在四百浬以上，惟資訊時代的作戰預警時間極短，部分共軍主戰軍艦（如驅逐艦和潛艇）航程極遠，且經常在南海航道及巴拉望航道的南沙水域，以及沖繩航道的釣魚台水域偵巡演訓，更凸顯了共軍遠程封鎖的積極企圖心。

三、中共雖然批准《聯合國海洋法公約》，但向來將南海諸島及釣魚台周遭視為中國歷史性水域，把懸掛中華民國國旗的國輪視為「中國地方政府」註冊的輪船。最重要的是，共軍始終認為在中國既有的歷史性水域內去攔檢扣押地方政府註冊的商輪是內政問題，他國無權干涉。由於目前台灣戰艦的數量過少，一旦中共對台灣實施封鎖，台灣將面臨難以突破中共封鎖的窘境，同時也使得台灣的商船面臨嚴重危險。[35]

在判斷中共可能對台灣實施哪一種封鎖時，有以下幾項因素必須加以考量，包括：中共實施封鎖欲達成的目標，中共實施封鎖的能力，中立國干涉之可能，國際社會之反應等。[36]根據宋燕輝的研判，如果中共欲達成的目標是一次徹底解決台灣與中國大陸的統一問題，中共有可能實施全面、有效的戰時封鎖。如果中共目的在試探外國之反應或警告台灣不要走向台獨時，中共可能只是宣布「紙上封鎖」或實施有限度、局部的封鎖。同樣的，中共若對台灣實施「近接封鎖」，將面對台灣海空軍的猛烈反擊，勢必承擔相當大的損失。若中共採取「遠距離封鎖」，在距台灣較遠的海上交通要道攔截檢查台灣與外國船舶，將會遭遇到「有效」以及中立國抗議的問題。[37]

導彈射擊

對中共而言，使用導彈代價不高，但是作為威懾武器卻非常有效。[38]一方面可以展現中共動武的決心以及能力，另一方面也可以主控避免情勢升高。[39]

一九九五年七、八月間和一九九六年三月，中共藉軍事演習、導彈試射為名，兩度對台灣附近海域發射M族短程彈道飛彈，其用意除了具有恫嚇阻止台灣走向台獨，並警告美國不可幫助台灣的意圖外，也在向台灣及美國展示軍力並提出警告，中共已經具備運用核武能力或傳統武力解決衝突的能力。[40]該次試射造成了台灣內部莫大的恐慌，中共的行為也引起美國的嚴重關切，美國前國防部長裴利甚至以曾為砲兵軍官的經驗，對當時正在美國訪問的中共副國防部長劉華秋表示，中共對台灣進行「交叉射擊」，很可能「擦槍走火」變成「直接攻擊」。[41]裴利的關切指出了中共導彈試射的另一種令人憂心的作用——假「誤擊」之名，行攻擊台灣之實，以達懲罰或報復台灣的政治目的。

隨著中共近年來不斷地增加威脅台灣的短程彈道飛彈，中共已經具備以導彈癱瘓台灣空軍和破壞軍事設施、減低台灣防空的戰力。[42]一九九六年解放軍以導彈射擊方式恫嚇台灣，顯示導彈在未來將成為中共對付台灣的主要武器。[43]基於未來中共很可能有能力運用短程彈道飛彈配合攻陸型巡弋飛彈等戰術武器，摧毀台灣的空軍基地，並削減島上防空設施以及指揮管制系統。國防部研判，以飛彈攻擊台灣將是中共對台最嚴重的威脅。[44]

襲擾或奪取外島

中共可能用各種方式對台灣施加低強度的軍事壓力，如圍困或襲擾外島，用武裝機漁船製造漁事糾紛等；也可能採取有限度的外科手術式攻擊，奪取包括金門、馬祖、烏坵、東沙等外島，以恫嚇台灣軍民，迫使台灣走上談判桌。

攻占台灣

如果中共威懾性的壓迫作為失敗，中共可能轉而企圖攻占台灣全島。為了確保作戰成功，中共攻台軍事行動將以導彈、資訊戰與特攻作戰等「不對稱能力」，針對台灣最關鍵的節點或最為脆弱的一環，進行「點穴式」的不對稱戰爭，使得台灣「又盲、又聾、又啞」，失去作戰能力。根據美國國防部的報告，中共可能以干擾台灣的作戰系統鏈路，摧毀指管系統、先進武器系統，癱瘓資訊系統、後勤支援系統，作為兵不血刃迫使台灣屈服或三棲進犯的序曲。[45]主要目標包括：機場、陸機防空雷達陣地、作戰指揮、管制、通信中心等全台的重要防空系統，軍港、飛彈生產場、庫，以及民間重要設施如「配電中心」、「電信樞紐」等。[46]武力犯台可能分為下列四個部分進行：[47]

第一階段：雙方爭奪空優，中共以導彈、戰機對台重要設施實施攻擊。

第二階段：與第一階段同步展開，爭奪海峽控制權，中共海、空兵力齊發實施制海作戰。

第三階段：解放軍取得空優後準備入侵。以空中攻擊摧毀海岸防守據點、砲兵和戰車集結地點。

第四階段：登島作戰。包括兩棲登陸作戰、機降作戰和直升機攻擊堅強的工事據點。

中共軍方認為，未來台灣問題如果威懾不成，有可能要靠武力解決。要武力解決，只有強行登陸一途。[48]中共若要成功發動兩棲作戰，取得制空和制海權是絕對的前提，而解放軍的渡海兵力則是共軍犯台最核心的部分。

歐漢隆歸納中共與台灣在戰力上的優劣比較，指出共軍在三個主要領域缺乏足夠資源：空優能力、迅速運送部隊登陸的能力、迅速馳援灘頭堡與提供至少與台灣反擊兵力同樣強大的部隊之能力。[49]就制空和渡海兩方面分析如下：

一、**制空方面**：雖然中共空軍享有數量上的優勢，但是台灣的空軍擁有質的優勢，讓台灣的空軍長久以來一直維持台海的制空權。[50]第四代戰機換裝後，數量上仍優於解放軍空軍。另根據美國《中共軍力評估報告》，解放軍空軍缺乏大規模空中滯空、接戰的能力，雖說近年解放軍空軍駕駛的飛行技術已有進步，但相較於台灣的空軍，飛行技術仍然落後。[51]沈大偉（David Shambaugh）則認為狹窄的台海寬度，限制了戰機在空域的靈活性。即使駐守在可攻擊台灣範圍內的共軍蘇愷二七戰機，也無法和台灣的F-16或幻象兩千戰機相比。[52]

二、**渡海攻略台灣能力方面**：相對於台灣的陸軍和海軍陸戰隊，中共解放軍的地面武力擁有明顯數量上的優勢。根據國防部的判斷，中共的兵力部署係依循「遠戰速勝、首戰決勝」戰略指導，綜合陸、海、空軍及二砲部隊，加強對台軍事準備。[53]不過，值得注意的是，中共地面部隊雖然有數量上的優勢，但是對台發動登島作戰，卻可能因為解放軍海軍在海上運兵及後勤補給能力上的不足，而受到極大限制。[54]

沈大偉評估，進行跨海兩棲登陸作戰，中共約需六百艘登陸艦艇和將近兩週的時間載運兩個步兵師到台灣。[55]以商船和漁船補充兩棲兵力運輸能力，只能增加海上的兵員數量，但無法增加解放軍海軍在兩棲登陸時作戰能力。[56]由於共軍缺乏各項配合能力，歐漢隆研判中共成功遂行兩棲作戰攻打台灣的能力極為有限。[57]

蘭德公司亦持類似的觀點。蘭德公司探討中共對台用兵原則與美國因應之道的報告《詭譎的海峽》中指出，中共只具有大約相當於一個師的常規部隊渡海的能力，此兵力規模在台灣軍隊的抵抗下，將難以建立灘頭據點。[58]該報告認為，中共動武的思考模式和美國不同，中共根本不會發動一場類似「諾曼第式」的登陸戰。該報告並舉中共在一九五〇年參加韓戰、一九六二年和印度開火、一九七九年和越南開戰為例，認為中共都不是以「占領」為目的，而是為達成某「政治目的」，強迫對手改變初衷，勉強接受中共的立場。[59]

美國國防部的報告亦認為「兩棲部隊登陸對中共而言是風險最高的策略，是最不可能採取的行動」；[60]其中最引人注意的是美國國防部研判，占領台灣全島的軍事攻略行動將必須大範圍徵用民間的空中及海上運輸工具，而且並不保證成功。解放軍要以「諾曼第」登陸方式侵略台灣，必須面對許多變數，一些是有形的變數，主要是缺乏兩棲登陸工具；以及一些無形的變數，包含人員及裝備的損耗率，解放軍各軍種的通訊整合能力，與支援此種快速、大型作戰的後勤能力等。要進行如此複雜的軍事行動，北京仍然將面臨許多困難。[61]

雖然上述的觀點均指出兩棲進犯台灣是中共可能性較低的軍事選項，但是，筆者認為仍不可以輕忽，理由有下列幾點：

一、台灣空軍雖然保有制空的優勢，但是減低台灣的防空能力和破壞台灣空軍基地與戰管設施，將可以削弱台灣空軍的戰力。就此，中共的短程彈道飛彈預料將扮演關鍵性的角色。將來中共很可能具有運用包括短程彈道飛彈、巡弋飛彈在內等戰術武力襲擊台灣的能力。由於大規模的導彈襲擊幾乎難有預警時間，不論台灣或是美國都「沒有能力」因應。[62]這將對台灣所有的空軍基地造成嚴重損害，減弱全島的防空設施以及防空相關的指管系統的能力，進而降低台灣空軍在台海上空爭取制空權的戰力。[63]由於失去空優將影響海軍的戰術作為，台灣海軍在海上遂行制海作戰的能力也將因此受到限制。

二、為了解決輸運能力的不足，中共除了加緊對商船的訓練，[64]更加強利用類似飛船的「地效翼飛行器」登陸的準備。[65]中共未來可能像當年「敦克爾克」大撤退，英軍徵用大批民船運兵一樣，動員眾多商船和機漁船，並利用先進科技載具，以正規與非正規手段加入運兵行列。雖然部分學者專家認為非正規載具只能增加兵員的數量，而無法增加中共解放軍海軍在兩棲登陸時的作戰能力，[66]然而筆者認為，以中共「人民戰爭」的「革命戰法」的謀略思維，解放軍在遂行登島作戰前，除了併用先進武器破壞台灣的防衛戰力，亦有可能利用「第五縱隊」、「特攻作戰」配合製造島內動亂，為解放軍登陸作戰塑造搶登的有利態勢。

三、中共不斷從演訓與修訂作戰準則中獲取犯台的作戰經驗。前述中共當今的作戰理論是融合了「人民戰爭」的謀略與欺敵，「局部戰爭」思想的快節奏，與「軍事事務革命」的以質勝優、遠距離精準打擊的觀念。中共軍方相信奇襲和欺敵是對台致勝的關鍵因素，因此若非對戰略奇襲有相當程度的把握應當不會發動戰爭。[67]中共可能在幾無預警的情況下，利用特種部隊、空軍、海軍和飛彈武力對台灣展開攻擊。[68]中共近年來不斷加強夜戰訓練、多兵種聯合演習、長程奔襲等實兵演訓。從二〇〇一年東山島的演習，顯示解放軍在執行大規模登陸作戰上的能力已經有所增進。[69]美國國防部研判，如果中共解放軍能確實將戰略奇襲加入作戰計畫，台灣將相當難以抵禦。[70]

一九五〇年九月，麥克阿瑟將軍計畫在韓國仁川發動兩棲登陸，當時美國上從杜魯門總統、參謀首長聯席會議的各軍種首長，到陸、海軍、陸戰隊的指揮官幾乎沒有任何一位美國的軍事將領或戰略專家認為該計畫可行。[71]同樣的，二次世界大戰時，如果德軍沒有誤判盟軍的登陸地點，則相對弱勢的盟軍兩棲部隊所發動的諾曼第登陸可能就不會成功。這兩場軍事行動都有一個共同點：只有提出兩棲登陸作戰的主導者認為可行，並縝密地擬定行動計畫，而大多數者都持否定的態度——包括敵方。這正是讓所謂「甚難成功」的兩棲登陸部隊能夠發揮「出其不意」、「攻其不備」的奇襲而獲得勝利的重要關鍵。

如果仁川登陸的成功證明了當時美國軍方及軍事戰略專家的話實際上只是一場空

話，那麼我們就有理由相信目前一些有關「中共能力不足以實施兩棲攻擊」的「預言」實在不足以採信。中共未來對台發動三棲進犯的可能性萬萬不能排除。因此，如果排除第三國干預的因素，北京在不計政治、經濟、外交及軍事代價的情況下一意孤行採取行動，仍可能獲得成功。[72]

第三部
美國軍事介入的可能性

為了達成政治目的，確保部隊冒著生命風險所獲得的勝利能夠長久，指揮官必須了解何時以及如何終止軍事衝突。

——《美軍聯合作戰準則》

【第六章】美國中共關係的演變

根據第二部的分析，中共未來對台灣仍可能以威懾或直接攻占的方式，迫使台灣就範。屆時美國是否軍事介入台海軍事衝突？在何種情況可能性較高？又在什麼情況下不會介入？

影響美國決策的因素頗為複雜。美國前國防部助理部長坎貝爾（Kurt Campbell）認為美國在台海兩岸的利益與美國外交政策的核心目標有關，例如：促進民主、維持美國大國信譽、對傳統盟邦與朋友的忠誠、與崛起中的強權交往並將之整合到國際社會的體系，以及保持亞洲和平與安定等。[1]前國防部副部長林中斌則具體地表示：「美國的兩岸政策，是要兼顧美國的三大國家利益：民主人權（政治）、戰略安全（軍事）、貿易賺錢（經濟）。」[2]這些利益不無矛盾之處，與美中關係的演變又有因果的關係，可作為分析美國軍事介入台海衝突的參考。除此之外，台灣統獨的傾向，也影響美國對台灣的安全承諾。第三部將分別從美中關係的演變與兩岸雙方對美國國家利益的正、負面因素為著眼，分析美國軍事介入的可能性。這一章先從美國與中共關係的演變談起。

美蘇對抗的冷戰時期，美國的對華（中國大陸、台灣）外交政策受到「聯中制蘇」的思維所影響，美國與中共的關係獲得改善。冷戰結束後蘇聯瓦解，國際戰略情勢的改變，連帶使得美國與中共雙方之間的利益關係隨之變化。從美國的角度，美國的頭號敵人消失，而中國逐漸崛起，美國為了維護其霸權地位，所謂「戰略需要敵人」，在美國學、官兩界戰略專家的眼中，中共遂取代蘇聯成為冷戰後美國的潛在競爭者。從中共的角度，國際體系的變化，與中共國力日漸增強，中共不再以現狀為滿足，「反霸」成為中共追求大國地位的主要目標。上述因素均激化了美國與中共彼此之間的矛盾與衝突。

然而，二〇〇一年美國發生九一一恐怖攻擊事件，卻使得美中原本緊張的關係得以緩解，美國與中共因為反恐有了共同的目標，也出現共同的利益。下文將以冷戰為分界，從冷戰時期與冷戰後影響美中利益關係的因素，探討美國與中共之間動態利益關係的演變，以及雙方在國家利益的層面上所存在的結構性問題。

冷戰期間

聯中制蘇

冷戰時期美國與中共雖然存在矛盾，但是美國基於中共具有牽制蘇聯軍力擴張、共同對抗蘇聯的戰略利益，「聯中制蘇」的戰略構想遂隱然形成。[3]美中在對抗蘇聯的擴張上有了共同戰略的利益，促使雙方關係由對抗走向合作，並建立了官方關係。

一九四八年年中，原本被視為蘇聯附庸的南斯拉夫狄托政府與莫斯科決裂，時任美國國務院政策計畫處處長的肯楠（George Kenman）認為狄托現象不應被視為一種孤立結果，而是一種先例，美國應該鼓勵此種先例在其他地區發生。[4]由於中共與蘇聯的矛盾之處甚多，美國研判終必發生利益衝突，因而寄望毛澤東成為「狄托第二」，為國家利益而與史達林反目。[5]

中共建政後，美國曾欲與之建交，但是因為中共採取「一邊倒」政策與蘇聯結盟，[6]並反對美國的政策而作罷。[7]一九四九年十月下旬，美國國務卿艾奇遜（Dean Aecheson）邀請肯楠、戴維斯（John Patton Davies）等人檢討美國的遠東政策，其中對華政策的共識為「莫斯科與北京間的緊張矛盾對美國有利，美國應擴大利用，幫助中共自然脫離蘇聯而自主」。[8]並以備忘錄建議美國政府準備承認中共政權。[9]同年十二月三十日，美國總統杜魯門批准了國家安全會議第四十八之二號文件，該文件結論指出，美國必須爭取中共以削弱蘇俄。並且要使用一切手段，以公開或祕密方式製造中蘇之間的矛盾與衝突，並善加利用，以為美蘇鬥爭利器。[10]

美國當時的抗蘇戰略在歐洲主攻、亞洲主守、美國在亞洲只維持菲律賓、琉球、日本、阿留申群島到阿拉斯加等口岸與島嶼之間的防線，這是美國軍事戰略的重點。[11]台灣與南韓因並不具抗蘇戰略利益與價值，並未含括在美國的防衛線上。

一九五〇年六月韓戰爆發，杜魯門感受到中共與蘇聯對亞洲均勢的嚴重威脅，而採取積極的圍堵政策。[12]為遏制中共、蘇共勢力的擴張，美國在西太平洋的亞洲前緣建立前進基地，台灣再度成為美國結盟的對象，雙方並發展協防關係。

一九六九年中共與蘇共爆發珍寶島邊界衝突，美中因而面臨共同敵人的威脅，雙方遂具有相互依存的戰略利益。美國總統尼克森利用這次事件將美、蘇兩強權間的兩極政治轉化為美、蘇、中的三角戰略關係，[13]「中國牌」成為美國「聯中制蘇」戰略的主要工具。[14]當時的國家安全顧問季辛吉曾宣稱：「我們沒有永久的敵人……在今天這個共同面臨核子危險時代裡，即使意識型態最具敵意的國家，也能發現我們的共同利益。」[15]為了尋求越南問題的解決與獲得對抗主要敵人蘇聯的戰略優勢，在季辛吉協助推動下，尼克森運用這項被稱之為第二次世界大戰後著名的現實主義外交策略，[16]避免意識型態的相互攻擊，並以務實的態度處理國家利益問題，積極改善了美國與中共的關係。[17]

與中共建交

一九七〇年代後期，隨著蘇聯在全球不斷的擴張對中共與美國的威脅日漸加劇，美中雙方戰略合作的關係更往前推進，卡特政府為了加強「聯中制蘇」的策略，於一九七八年十二月與中共建交，在《建交公報》上美國言明「承認中華人民共和國政府為中國唯一的合法政府」。[18]雙方認為中美關係正常化不僅符合中國人民和美國人民的利益，而且有助於亞洲和世界和平事業。美國當時摒除意識型態的差異與中共建交係基於兩個基本假設：[19]

一、在蘇聯軍力擴張下，中共抗蘇戰略價值益形重要。

二、希望在一九七八年後的經濟改革，[20]透過中共對西方門戶開放與經濟自由化政策，將人權與民主價值觀帶進中國大陸，和平轉變中共政權，促使其政治走向民主化。

雖然繼任卡特的雷根總統就任之初對台灣較為友好，但是仍未輕忽中共的戰略價值。一九八二年雷根政府與中共簽署《八一七公報》，承諾在質量上限制對台灣的軍售，並逐漸加強美中雙方的軍事關係。[21]此時期美國與中共除了共享戰略上的利益，一九七九年美國給予中共最惠國貿易待遇後，雙方的經貿關係亦迅速增加，美國對中共的投資超過日本，[22]成為中共第三大貿易夥伴和最大直接投資國，另一方面，中共也成為美國十大貿易夥伴之一。[23]使得後冷戰時期美國與中共在經濟上也有了共同的利益，雙邊關係超越了單純的安全戰略範疇。

冷戰結束

蘇聯解體，冷戰結束，美國頭號敵人消失，美國為對抗共同敵人而結盟的戰略基礎已不存在，美中關係因而發生變化。

冷戰後美國與中共的利益關係主要受到下列三項因素的牽動：

一、**國際體系的轉變**。根據邱坤玄的分析，隨著美蘇兩極體系的瓦解，國際關係亦出現重大調整。中共在美國全球戰略與外交政策中的戰略地位下降，美國與中共的利益亦隨之發生重大的改變。[24]

二、**中國威脅論的影響**。中國的崛起對冷戰後以維護霸權地位為首要目標的美國造成威脅，激化了美國與中共之間利益上的矛盾。

三、九一一恐怖攻擊事件的影響。二〇〇一年九月十一日美國本土遭受攻擊，打破了美國超強地位無人能挑戰的片面主義之迷思。美國為了執行反恐作戰，必須得到包括中共在內的國際支持，國際權力結構再度面臨轉變。美國與中共的利益關係又開始重新調整。

國際體系的轉變

美國將繼續獨霸世界？還是一超多強的局勢？

冷戰時期以美、蘇為首的「兩極」對抗體系在蘇聯解體後隨之瓦解，在美國領導多國部隊贏得一九九一年波斯灣戰爭之後，有關國際體系究竟為「單極」體系或「多極」體系的爭辯一直是國際社會討論的議題。有些學者認為以美國為首的「單極」體系已經來臨。一九九〇年克魯瑟默（Charles Krauthammer）即指出，除非美國人自己把經濟弄垮，否則美國的力量將無人能匹敵。[25]多年之後，艾肯拜里（G. John Ikenberry）更提出由於美國的力量無比強大，因此至少將持續數十年的榮期，單極世界勢必會延長為單極時代。[26]

但是，另有部分學者持不同的看法，認為美國的獨霸不過是種短暫的現象。雷內

（Christopher Layne）認為單極體系必定會引起新強權的崛起與挑戰，只是時間快慢的問題；而新強權崛起後，單極體系將會轉變為多極體系，因此，以美國為首的單極體系不太可能持續。[27]甘迺迪（Paul Kennedy）則從歷史發展的角度分析，他在其著作《霸權興衰史》中指出，任何強權最後都免不了步上衰落的道路，美國自然也不例外。[28]

在所有的爭辯中，以美國前國防部助理部長、哈佛大學甘迺迪政經學院院長奈伊（Joseph Nye Jr.）的觀點最為獨特。早在一九九九年中期，奈伊即質疑國際體系是單極的格局，他舉科索沃戰爭為例，引證單極論的說法實過分誇大了美國隨心所欲的能力。根據奈伊的分析，在當今的資訊時代，權力分布的情形就如同三維空間的西洋棋，最頂端為軍事力量，美國是當今的超強，所以是單極局面；中間為經濟力量，主要角色為美國、歐洲與日本，所以呈現多極的現象；底端則為權力結構更加分散的「跨越國境」與在政府管轄範圍之外的「跨國關係」。[29]從奈伊的論點可知，現今國際體系難以稱得上是單極體系，縱使不是多元體系，也是朝多元體系過渡中，[30]也就是「一超多強」的國際格局。

奈伊有感於當今美國在國際上有許多地方已經顯出力有未逮的窘態，以及美國經常被許多國家使用「霸權」一詞予以責難，認為美國不應相信只憑藉軍事力量便可以繼續確保權力。如果居於領導地位的美國擁有「柔性力量」，[31]而且以「利人」途徑進行管理，將可以延緩反抗聯盟的威脅時間。奈伊因此主張美國只要能夠繼續維持其「硬式國力」，並對「柔性國力」有所了解，適當地結合這兩種力量，就可以繼續領導世界。[32]

奈伊的呼籲顯然對美國的主政者並未起太大的作用。從美國小布希總統在總統大選時的演說，反映出小布希仍存著單極的思維。小布希當時表示：「我們國家目前正單獨站在世界權力的頂端。」[33]小布希執政後，美國政府企圖以「硬式國力」，採取片面行動處理國際事務，片面拒絕《京都議定書》談判、[34]主張必要時不惜「先發制人」等，[35]均引起了國際不少的批評與反制，其中最大的挑戰者就是中共。

中共推動國際政治的多極化，牽制美國霸權

中共雖然認同「一超多強」的局勢，但是認為世界正朝向多極化轉變。[36]中共的許多學者認為，美國為了保住霸權地位，維護其國家利益，未來美國可能會遏制中共的發展並阻止中共在國際事務上出頭，因此兩國可能會爆發衝突。[37]對美國強勢主導世局的企圖，中共希望塑造多極的國際體系，遂行其反霸的意圖，[38]因此積極推動國際政治的多極化，藉以牽制美國的霸權主義。[39]中共的企圖與美國積極尋求建構美國對中共的外交與安全戰略，以延長美國霸權地位的作法相衝突。

當今除中共外，短期內世界其他國家無法挑戰美國霸業，美國為維持和鞏固霸權地

位，其中心思想是將中共視為挑戰其地位的戰略對手或潛在競爭對手。造成美國與中共在國際舞台上展開權力的競逐，因而激化了雙方緊張的關係。

中國威脅論的影響

一九九二年孟儒（Ross H. Munro）發表的短文〈正在覺醒的龍〉指出，中共將成為亞洲新的動盪來源，此為「中國威脅論」的濫觴。[40]孟儒在這篇文章中提到中國經濟快速發展、軍事顯露鋒芒，對於美國的經濟利益及安全利益有重大的衝擊，因而認定「亞洲真正的危險來自中國」。[41]何謂中國威脅論？如何影響美國的利益？以下將加以探討：

中國的崛起

中共自一九七八年進行改革以來，經濟持續高速發展。經濟力量的增加使得中共有能力進行國防的現代化。中共軍力的增強，尤其是海空軍的現代化，導致不少美國人士憂慮未來中共將威脅美國在亞太的利益，擔心中共會挑戰美國在亞太的霸權。甘迺迪早在一九九〇年代初期即引用《經濟學人》的評論指出：如果中國大陸的國內生產毛額能夠持續成長，那麼在十年至十五年的時間裡，民間經濟將儲備足夠的力量來推動軍事工業更迅速發展。到那時，鄰國和世界列強都必須認真思考中國軍隊未來的世界動向。[42]

雖然美國《一九九九年戰略評估報告》仍將中共界定為「轉型中國家」，[43]但是根據世界銀行的分析，中國大陸自一九九六年起GDP維持約百分之八的年成長率，[44]縱使一九九七年亞洲金融危機重創東亞各國經濟，[45]中共並未受影響。只要中國大陸經濟持續發展，其經濟力將可能超越美國，成為全世界最大的經濟體。[46]

以上的分析與美國國家安全委員會所做的研究結果相同，該委員會的分析指出，如果中共的國營企業與銀行體系改革成功，到了二〇二五年，中國大陸的GDP將躍居世界首位，占全球GDP的比例，也將從一九九〇年代末期的百分之八躍升至百分之十四，[47]屆時中國大陸在全球享有經濟利益並相互依賴，也成為具有一定影響力的大國。該委員會並強調，縱使中國在未來的二十五年內以全力拚經濟而非軍事現代化為要務，到了二〇二五年中國仍會成為區域性的軍事強國。[48]

上述論點自然引發美國中國威脅論者的憂慮，因為它與國際關係學的「權力轉移理論」若干情節相符。[49]「權力轉移理論」是密西根大學歐耿斯基教授所倡。該理論認為當一個崛起中的強權，其國家之政治、經濟、軍事等綜合國力逐漸呈現均勢時，企圖挑戰國際體系中最上位的強權之可能性會增加。[50]由於這個時候權力被對等地分配，既有的強權會盡力維護以自己為中心的國際秩序，但是崛起中強權可能會覺得受到拘束而嘗試挑戰強權以改變現況，不安定隨之產生，所以是發生戰爭的危險期。[51]

依據該項理論，國力發展處於過渡時期之國家最具威脅性，[52]因為此一時期之國家特性為快速的工業化及民族主義的高漲，而且常有對外宣示武力之意圖。[53]權力轉移理論亦顯示，權力平衡的改變對國際秩序會造成潛在的干擾。噶爾（John Garver）因此分析國家為了維護有利於自己的權力結構，會不惜一戰。這也就是歷史上崛起中的經濟強權常引起極大的政治紛爭，並導致置國家的尊嚴與地位在實質的發展之上的原因。[54]美國在十九世紀末、二十世紀初的崛起過程就是一個例子。[55]

美國自一八六五年結束內戰後，[56]開始專注於國內發展與建設。一八八〇年代當時的世界仍是以歐洲為中心並受其支配，美國只是處於邊緣位置。[57]美國隨著日益現代化而逐漸崛起，人民國家認同開始形成，激發了美國人民企盼美國成為具有影響力的大國的渴望。[58]同一時間，歐洲開始另一波追求海外經濟與建立殖民地的競爭，美國為追求海外市場與大國地位等國家利益，積極擴增海軍艦隊。以海軍為工具、「砲艦外交」為手段，開始向外擴張。在遠東，美國在一八九八年美西戰爭打敗西班牙，兼併了西屬菲律賓，取得在西太平洋立足之地，成為亞洲殖民大國。[59]美國另以「門戶開放政策」獲取在中國的發言權，[60]與強權共同瓜分中國的利益。在西半球，一九〇三年美國協助巴拿馬脫離哥倫比亞獨立，使美國取得單獨管理巴拿馬運河的權利，摒棄與英國共管的安排。[61]美國並將其艦隊部署在加勒比海，用外交壓力和軍事手段干預尼加拉瓜、海地、墨西哥、多明尼加共和國等拉丁美洲國家，展示其決心在該地區排除任何一個強權國家的挑戰。[62]

回顧當年美國權力轉移的歷史，證諸當前中共對南海和台灣的主權主張未獲滿足，中國民族主義日見高漲，中共亦反對美國的霸權，自然讓美國部分人士擔心，如果當年美國崛起的歷史重現在中國，亞洲地區因中國崛起而使得國家之間權力平衡的結構改變太快，將會對美國的霸權挑戰，造成區域的不穩定，影響美國在亞太地區的利益。[63]

中國威脅論

國際關係學者認為，任何有關權力平衡的改變，國家都會自我調整以適應新的秩序，所以幾乎都會造成國際局勢一定程度的不穩定。中共是否是一個造成威脅的崛起中強權，應視中共是否挑戰國際社會的安全而定。[64]陳毓鈞認為，冷戰後中共雖然未必會站在美國的對立面，但是中共仍熱中於權力政治，積極追求其由歷史、文化、經濟、地緣及國內政治所形構的國家利益，增加冷戰後國際體系不安的因子。[65]

不過，有時國家也未必要有侵略的意圖，才會造成其他國家安全的威脅。根據「安全困境」理論，在不確定與無政府狀態的國際體系中，兩個或更多潛在敵人之間的不信任，可使各方採取小心與防禦的措施，即使一方為保障安全所採取的措施，也意味著降低其他國家的安全感。一個國家即使為了防禦的目的而積聚戰爭的工具，不論該國只是為了可能發生的威脅而做的自我防衛措施，也不論是否有針對性，都會讓鄰國不安，也會被其他國視為需要做出反應之所在，因此導致區域的緊張，最後讓各方都感到的確處於危險的環境。[66]簡言之，無須視國家的意圖為何，能力的本身就構成了威脅。[67]

另有國際關係理論強調，一個國家如果變得更進步繁榮、更能與世界經濟接軌，這個國家會有民主化以及渴望保持能促使其國家繁榮的世界秩序的傾向。但是杜克大學教授蒡芙莉（Carolyn W. Pumphery）觀察指出，中國大陸似乎不符這個理論。中國已經變得更富裕、更進步，但是這並沒有改變中國想要改變亞洲現況的野心。因此她強調中國雖然增加了財富，但並不表示這會使中國降低侵略的意圖。[68]

中國威脅論的觀點也可能是出於為了維護權力的主觀的認知。加迪司（John Lewis Gaddis）認為，從一九五〇年開始，美國各屆政府都是以美國安全所受的威脅確定美國利益，而非依據如何促進美國在世界上的安全來確定美國的利益，導致「圍堵共產主義」本身就已經變成了一種利益。[69]根據周煦的分析，當今除中共外，短期內世界其他國家無法挑戰美國霸業，美國為維持和鞏固霸權地位，其中心思想是將中共視為挑戰其地位的戰略對手或潛在競爭對手。[70]由於中國大陸的經濟成長不但增加了其經濟實力，連帶地也提升了中共在國際上的地位與分量。[71]但另一方面，中國大陸的政治、社會制度及人權、法治與西方國家的落差，加上對台武力威懾的政策，使得美國的國會、軍火利益者及反華勢力找到「中國威脅論」的最好基礎。[72]美國前國防部副助理部長坎貝爾即指出，一些美國軍官在接受訪談時表示，他們真正憂心的不是衰敗的俄羅斯軍力，而是崛起的中共。[73]

中國的崛起是否必然構成威脅？也有部分學者對此持保留的看法。奈伊認為即使中共國內生產毛額維持百分之六的年成長率，而美國只維持百分之二，中共在二十一世紀下半葉仍無法趕上美國。[74]卡利薩則認為，中共雖為區域強權，不過研判中共至少要到二〇五〇年才可能追上美國。[75]黎安友則認為九一一恐怖攻擊事件後，美國在中亞地區的反恐部署，已經成功地將中國包圍起來，不論就戰術或戰略層面，中國目前還無法構成對美國的威脅。[76]

李侃如（Kenneth Lieberthal）從中國內部所面臨的問題，分析中國在短期內並不會如一般人所預期的會迅速的崛起，這些問題分別是：[77]

一、**環境品質下降**：中國北方水源不足，無法應付人口及工業發展需求，另有水汙染及空氣汙染問題。中國大陸因慢性呼吸道疾病造成的死亡率是美國的四倍。

二、**失業問題**：中國約有七億人口務農為生，由於中共將農地轉為他用，由一九九六年到二〇〇〇年的五年間，總共有四千八百萬工人「下崗」，約相當於南韓的人口，而在過去四年間，農民的收入約減少了百分之二十二，[78]造成約有相當於美國三分之二總人口數的農民失業以及大量人民由鄉村移往都市。

三、**貪汙腐化**：組織性、地方性的腐化，中共目前尚無解。

四、**分離主義的衝突**：包括西北邊區、西藏以及台灣。

五、**加入世界貿易組織衍生的問題**。

至於美國該如何看待中共，李侃如提出了有別於「中國威脅論」思維的另類看法，他相信一個衰弱的中國才是美國最大的威脅。一個強大又敵對的中國，美國至少還有能力處理與應付，但是如果中國垮了，它會產生一大串令國際頭痛的問題，諸如傳染病、毒品買賣、非法移民、人口與武器擴散。因此，唯有中國經改成功才真正符合美國的利益。[79]

趙建民則認為受到現代化的衝擊，中國大陸似已步上「軍事官僚威權政體」的後塵，具有該等政權所擁有之制度渙散、價值體系脆弱、一元統治、多元挑戰等特質，而「不穩定」正是其重要內涵之一。因此，中共未來政權是否能持續維持穩定值得觀察。[80]

軒柏（Michael Chambers）對中國可能走向衰頹，也同樣表示關切。筆者在參加美國陸軍戰爭學院的研討會中，軒柏分析如果中國出現經濟失敗的問題，現有政權將遭受挑戰。萬一出現另一個新的政權，經濟失敗的教訓將迫使該政權為求自保而採取更民族主義、對西方國家更不友善的強硬政策。所以，一個能力受到限制的衰弱中國，可能更有侵略的意圖。軒柏根據風險與利得的評估指出，唱衰中國未必有利於世界秩序。[81]軒柏的論點早在柯林頓總統主政時就為其所關心。柯林頓認為，從日本的長期衰退和俄羅斯的經濟困境中學到的教訓，那就是大國的衰弱也像強大一樣，會對美國形成極大的挑戰。柯林頓因此特別強調：「當把焦點放在強大的中國將來可能對美國構成的潛在挑戰上時，也不要忘記衰弱的中國，深為內部衝突、社會不安和犯罪活動所苦的中國，成為亞洲一大片不穩定區域，所可能帶來的危險。」[82]

崛起的中國是否必然就會威脅美國的利益，猶待辯證；但是中國威脅論已經引起美國人民對中共的戒心，多數美國人民有著「中國威脅」的疑慮。而美國政府中具有處理冷戰時期國家安全背景的鷹派官員也存有類似的心態，這些官員構想的是如何維持及延續美國目前的唯一超強地位，防止任何國家或集團挑戰美國當前的優越軍事強權地位。[83]美國前國防部副部長伍佛維茨（Paul Wolfowitz）就曾警告，中國大陸「幾乎肯定」在本世紀成為世界超級強權，且可能成為美國的威脅。[84]

二〇〇一年三月，美國國防部長倫斯斐（Donald H. Rumsfeld）在當面向美國總統小布希提出大規模修訂軍略及軍備採購計畫的時候，指在中國與俄羅斯的勢力形成此長彼消之後，未來美國最可能執行軍事任務的主戰場將是太平洋。[85]在同一時間，「淨評估」辦公室主任馬歇爾（Andrew W. Marshall）檢討美軍的架構與戰略時建議，當今俄羅斯已經式微，中國逐漸崛起，二次大戰以來，美國國防戰略一直以維持歐洲和平及嚇阻蘇聯為重點的戰略必須有所調整以為因應。[86]除了美國官員有著以中國為假想敵的傾向，民間智庫也不遑多讓，與美國軍方關係密切的蘭德公司研究員史文（Michael Swaine）也贊同，應該將處理中共崛起的問題列為美國在二十一世紀初所面對的最大挑戰之一。[87]

美國國防部曾指出，雖然短期內美國不會面臨一個足以與之匹敵的競爭者，但是潛存的區域強權仍可能發展充裕的能力，威脅那些對美國利益極為重要的地區的穩定。[88]在亞洲維持穩定的平衡是一件複雜的工作，該區域可能出現一個「擁有極豐富資源的軍事競爭國」，美國必須強化在西太平洋及東北亞的反應能力以為因應。[89]其次，美國國防部向國會提交的年度《中共軍力評估報告》中強調，中共不只對台灣構成威脅，其軍事恐嚇和軍事占領台灣的能力正在不斷增強，甚至可能在沒有警告的情況下就對台灣採取軍事行動；中共對「潛在對手」菲律賓、日本等鄰國也構成威脅。[90]該報告將中共塑造為一個成長巨獸的印象，也將中共的軍備茁壯和國勢蒸蒸日上定位為有朝一日會與美國爭霸的潛在敵人。[91]報告並認為「中國與美國交往可給美國帶來貿易和科技等方面的利益，但就長期而言，中國對美國是個重大挑戰」。[92]

同樣地，美國國會「美中安全檢討委員會」公布的《美中安全評論》報告亦指出，中國正在崛起，將成為全球經濟及軍事強權，並挑戰美國在亞洲地區的利益。[93]該報告並強調由於中國繼續對支持恐怖主義的國家輸出導彈技術的產品，對美國的國家安全造成危害，因此，該委員會敦促美國國會加強有關技術轉移的管理，否則中國就會對美國在世界各地的利益構成越來越大的威脅。美國前總統小布希曾更直接點明「中國仍在走一條提升軍事能力以威脅亞太鄰邦的過時的老路」。小布希甚至以警告的語氣強調「我們的強大軍力，將足以打消任何潛在敵人整軍經武，以期超越或追平美國力量的意圖」。[94]

小布希的觀點所反映的正是現實主義者「安全困境」的心態。中共當今積極發展經濟與軍力、在東南沿岸部署以台灣為目標的導彈，這對台灣的威脅是無庸置疑的。就美國而言，也認為中共整軍經武具針對性，對美國在內的亞太周邊國家造成威脅。近幾年中共極力化解美國及其他國家對中國威脅論的疑慮，中共除了口頭「制式化」地一再重申未來國力強大後亦無意稱霸，也曾表示「中國大陸的經濟如果繼續發展，將給世界帶來安定」，公開否定「中國威脅論」的說法。[95]根據《詹氏防衛週刊》的報導，中共一度將建造航空母艦的計畫加以延擱，就是以實際行動展現的「善意」。[96]可是「現實主義者重視的是中國的國力，不是中國的意圖」。[97]為了「制止敵對勢力掌控東北亞、東亞沿海地區」，[98]美國國防部新的國防戰略思維將過去主導多時的「基於威脅」調整為「基於能力」，[99]置重點於敵人的作戰方式與能力，而非注意誰是可能的敵人及何處可能會發生戰爭，其所反映的正是美國對中共崛起所存的戒心。

美國芝加哥大學學者米謝摩（John J. Mearsheimer）曾在《外交事務》季刊為文指出，美國外交政策的中心目標，向來是不容許另一個強權主宰東亞。[100]陸伯彬更是明白指出，基本上美國對中共的外交政策就是基於中國即將崛起的假設。[101]米謝摩、陸伯彬兩人的看法充分印證在當今冷戰後「一超多強」的國際體系，美國為了維護其超強的地位，中國威脅論的危機感是存在的。這正是造成美中關係分歧的主要原因之一。為了遏制中國的威脅，美國政府必會運用諸般手段打消潛在敵人威脅美國的意圖，這除了造成美中之間利益的衝突，也是刺激美中未來發生衝突的可能因子。

九一一事件的影響

二〇〇一年九月十一日，美國本土史無前例地遭到攻擊，恐怖分子劫持客機攻擊紐約世貿大樓與華盛頓特區的國防部五角大廈，造成三千餘人死亡。美國國內的政經中心相繼遭受外力的攻擊，並造成嚴重的傷亡，此為歷史上的頭一遭。這場悲劇改變了美國的全球戰略，也影響了美國與中共關係的發展。在「反恐」為政策的主軸下，美國的戰略重心改置於打擊全球的恐怖主義，使得美國的頭號敵人及主要的安全威脅由潛在的競爭對手轉為恐怖主義及組織。

此外，為了使反恐戰爭順利進行，美國必須積極爭取其他國家的支持與合作。事件發生後十天，小布希總統對國會發表演說時，呼籲每一個國家加入反恐的行列，小布希並強調：「每個地區的每個國家現在都要做出抉擇。不是要站在美國這一邊，就是站在恐怖主義分子那一邊。從今以後，任何繼續庇護或支援恐怖主義的國家都將被美國視為敵對政權。」[102]基於反恐怖戰爭的需要，中共的戰略地位獲得美國的重視。由於中共是國際間的主要大國，而且對巴基斯坦及中亞國家具有影響力，在解決大規模毀滅性武器擴散的問題上也居於關鍵地位。更重要的是，中共是聯合國的常任理事國，對於美國的反恐行動是否能夠得到安理會的授權，具有否決的權力，因此成為美國必須爭取支持的對象。[103]兩國之間的關係遂逐步改善，彼此存在的歧見也獲得緩解。

經由打擊恐怖主義的合作，美中兩國領導人密集舉行高峰會，小布希總統兩次訪問中國大陸，另外，二〇〇二年四月底，中共國家副主席胡錦濤應美國副總統錢尼（Richard Cheny）之邀訪問美國。十月下旬，江澤民到德州克勞德農場訪問，小布希總統並親口向江澤民表達不支持台灣獨立的立場。[104]

不過，美中關係的改善，主要是建立在美國反恐需要的基礎上，雙方在亞太地區競爭的本質並未改變。[105]根據美國智庫「卡內基國際和平基金會」總裁馬修茲（Jessica T. Mathews）博士的分析，九一一事件看似暫時緩和了美國與中共間的對立，但是從長期觀點而言，由於地緣政治與理念差異等因素，最終可能導致兩國形成戰略對峙。[106]中共清華大學國際問題研究所所長閻學通亦持同樣看法，認為美國對中共戰略始終沒有實質的變化，只不過因為反恐需要，而暫時壓下而已。[107]中共官方對此也持相同的論點；在中共外交部所編《中國外交二〇〇二年版》即明白地點出：「為建立和維繫國際反恐聯盟，爭取有關各方的支援合作，美不得不更多借助多邊合作，單邊主義一度有所收斂。但總地看，美全球戰略目標並未發生根本性變化。」[108]事實上，美國國防計畫人員仍視中共會對美國在亞太區域利益構成主要挑戰，因此，積極加強美國與盟友關係及重整兵力結構。[109]

美國的官方文件，即顯示了這樣的態勢。九一一事件後美國國防部發表的《中共軍力評估報告》顯示，美國仍視中共為潛在對手，並沒有因為反恐而放棄防範中共的戰略目標。而美國領導打擊恐怖主義的行動，形成對中共的戰略包圍，也令中共日益感到不安。在北邊，俄羅斯提供美國許多政治、經濟和軍事上援助，美俄在建立夥伴關係上有了重大進展。[110]在西邊，美國的政治和軍事力量已隨反恐戰爭進入中亞。美國「布魯金斯研究所」研究員歐漢隆（Michael E. O'Hanlon）指出，二〇〇二年美軍約有三萬名的兵力進駐在中亞地區，其中三分之一在阿富汗的境內與四周支援反恐作戰，其他的三分之二則駐守在阿拉伯海周邊地區，未來可能對中國的西部邊界形成包圍之勢。[111]在中國西南側，巴基斯坦原是中共的重要盟友，但是在九一一事件之後，美國改善與巴國的關係，甚至取消行之有年的制裁，使美巴兩國交往日趨熱絡，這種發展未來可能削弱中共在南亞的影響力。在東南亞，反恐怖主義也給予美國一個重新恢復與馬尼拉及雅加達之間防衛關係的最佳理由。美澳聯盟關係也經由此次行動逐漸復甦與強化。[112]在東邊，因反恐戰爭，日本國會通過了《反恐怖主義法》，[113]日本在亞太地區的軍事相關活動顯著增加，並同意派遣自衛隊赴遠方與美軍及其他盟軍並肩作戰，擔任非戰鬥任務的戰鬥支援角色，讓中共擔心日本軍國主義再起。[114]

上述的種種事項顯示，美中之間原本緊張的關係，雖然因反恐行動得以緩解，總體而言是朝正面的方向發展，但是雙方許多結構性的矛盾並未因此消除。

如同中共的官方文件《中國外交二〇〇二年版》所述，「大國間的一些深層矛盾依然存在，既合作又競爭，既相互借重又相互制約，仍是大國關係發展的基本特徵」。二〇〇二年十月中，錢其琛在接受中共中央黨校的《學習時報》的訪問——〈九一一事件後的國際形勢和中美關係〉中提到，中美之間三個沒變，分別是：「一、中美之間合作的基礎沒有變；二、中美之間存在的基本矛盾沒有變；三、美國對華政策的兩面性不會變。」錢其琛的說法正是描述美中之間情勢的最好寫照。一旦反恐戰爭告一段落，美國與中共之間的矛盾與競爭很難說不會重新浮現。

【第七章】台灣對美國的利益

美國與台灣的利益是多元、多面向的，美國與台灣在民主、人權與經濟上享有共同的價值與共同的利益；在戰略上，台灣也變成美國對中國大陸的外交政策中，兼具棒子與胡蘿蔔功能的工具。

政治方面

台灣是少數從威權政治轉型至民主政治的成功範例。雖然有部分美國人士認為這項成果部分得之於美國的關心與敦促，[1]但是與其他美國盟國由集權轉型失敗的例子相較，台灣的民主化仍然顯得難得與珍貴。美國前國務卿鮑爾曾以「成功的故事」讚揚台灣在民主與經濟上的成就，[2]美國前總統小布希更以「民主台灣」譽之，[3]就是對台灣民主改革的肯定。

美國認為鼓勵中共發展民主和經濟開放，是實現國內穩定和建立國際秩序最堅實的基礎。[4]台灣的成功正是中國大陸未來能夠走向政治民主及經濟自由最大的示範。美國希望台灣的模式能夠複製到中國大陸，促使中國大陸在民主方面的改變，[5]這符合美國的國家利益，此為美國支持台灣的主要原因之一。此外，由於兩岸的衝突必然也是亞太地區的重要安全議題，針對這種情況，美國學者認為如果美國不能挺身而出，維護美國盟邦的權益，美國的信譽將蕩然無存。[6]美國海軍戰爭學院海軍作戰研究中心主任寇耳（Alberto Coll）教授曾就美國的觀點分析指出：如果中共進犯台灣，從戰略的層次來看，代表美軍在西太平洋維護權力均衡的勢力遭到侵蝕。為保持美國的信譽，美國將被迫強力回應，否則必須承受容許中共以武力對付美國長期友邦，並未受到懲罰所可能產生的政治衝擊，造成美國與區域內盟邦的關係緊張。影響所及，甚至會擴展到與全球其他友邦的關係。[7]

美國對台灣的「安全承諾」的實踐，主要是基於一九七九年參眾兩院通過的《台灣關係法》。[8]《台灣關係法》明文指出，「西太平洋此一地區的和平與穩定，涉及美國的政治、安全與經濟利益，且為國際間所關切之事……任何試圖以和平手段以外之方式，包括經濟杯葛與禁運在內，決定台灣之前途，均為對西太平洋地區和平與安全之威脅，為美國所嚴重關切」。[9]為了信守這種承諾，從小布希總統上任之初的「盡其所能協助台灣防衛」，到《美國國家安全戰略》開宗明義地強調「美國的使命，就是要打敗美國及其盟邦、朋友的外在威脅」，[10]以及二〇〇二年布江會談，小布希把《台灣關係法》納入「一個中國」政策的框架中。[11]上述事項，在在顯示美國政府支持台灣，並且介入台海衝突的意圖。

不過，值得注意的是，依照當前的情勢，台海維持現狀最符合美國的國家利益。[12]美國雖然一向支持台灣，然而近年來卻似乎鼓舞了台灣部分主張「走台灣路」的人士，為了爭取國家主權，訴諸更積極的獨立主張，造成與中共衝撞的結果，使得台海陷入緊張，影響美國的國家利益。美國認為如果海峽兩岸的任一方採取「片面改變現狀」，都將使得「損失難以估計」。[13]在這種情況下，美國深感其過猶不及的兩岸政策，都可能造成兩岸雙方的錯誤解讀，誤啟台海戰端。為了預防衝突發生，美國政府採取雙管齊下的「戰略清晰」政策，也就是所謂的「中共不武、台灣不獨」。[14]美國一方面強調絕不容忍中共對台用武，另一方面也同時表示不支持甚至反對「台獨」。[15]具體地說，如果中共以武力威懾台灣就範，美國絕不坐視；不過美國也「不支持」台獨，如果事端因台灣挑釁而起，美國將不會介入。

經濟方面

台灣是美國重要的貿易夥伴及出口市場。除了美國與台灣雙方直接貿易的利益之外，面對中國大陸廣大的市場，透過台灣扮演對中國大陸窗口的角色，將為美國在掌握中國大陸經濟發展利益的布局中帶來更多的利益。[16]美國在台協會台北辦事處前處長包道格（Douglas H. Paal）即指出，台灣如能加強兩岸經濟交往，台灣的代客加工製造廠商，以及台灣的經理人與研發人員，配合中國大陸低勞工成本的熟練組裝工人，將有利於跨國企業在大中華區做最有效的安排，兩岸開放三通將對台灣、美國、中國大陸創造「三贏」局面。[17]

戰略方面

台灣與美國有密切的安全關係，也屬於美國東亞全盤戰略的一部分。[18]如同冷戰時期美國與中共在防止蘇聯擴張上有共同的戰略利益一樣，目前美國與台灣在遏制中共的威脅上，雙方具有共同的戰略利益。

對中共的意義

台灣位處西太平洋第一島鏈的中間位置，是中國大陸、日本、韓國等東亞國家對外聯繫的交通樞紐，具有重要的國際戰略地位。[19]早在一七七一年，荷蘭人就曾宣稱「若使台灣從宗主國變為屬地，並派兵駐守的話，則可握東洋之航權」。[20]

就中共的國家安全角度，台灣在中國大陸的國防上具有以下幾項重要的戰略價值：[21]

一、**台灣是中共海上防禦的鎖鑰**：台灣距離中國大陸東南沿海約一百浬，如果為中共所管轄，可發揮早期預警與擔任第一層防禦，使中共的防禦縱深大為延伸。

二、**台灣是中共海軍出海的要衝**：台灣位於包圍黃海與東海的美日韓安全同盟的南端；台灣也位於視南中國海為內湖的東協北端。台灣是中共海軍凸穿第一島鏈進入太平洋海域的戰略出海口；控制台灣，解放軍海軍得以自由進出遼闊的太平洋。

三、**台灣是亞太地區海上交通線的扼制點**：戰略上，台灣處於亞太船運要道的中點，連接上海與香港、琉球與馬尼拉、橫須賀港與金蘭灣，以及鄂霍次克海與麻六甲海峽之間。亞太海上重要的商業或戰略運輸，都在台灣監控範圍之內。

由於台灣的地緣對中共國家安全具關鍵因素，中共擔心一旦台灣永久脫離中國大陸獨立，將成為美國的戰略據點。[22]相反的，只要中共掌控台灣，將有助於其遂行「近海防禦」的軍事戰略，將防禦縱深從「第一島鏈」東擴至「第二島鏈」，除了遏制美國在西太平洋地區的影響力，更有助於防止美國介入台海問題。[23]

對美國的意義

孟儒指出，中共邁向二十一世紀的亞太超強之路，首要之務就是解決台灣問題。因為台灣問題不是中國內政問題，而是美中關係的重要戰略問題，民主台灣的存在是中共邁向區域強權之路的絆腳石。[24]台灣的地緣正是美國扼制中共軍力向外擴伸的最佳戰鬥位置。對此，韓戰期間打算聯台抗共的麥克阿瑟將軍在一九五〇年八月曾指出：「台灣好比一艘擊不沉的航空母艦和潛艦供應艦，如果落入敵對國家之手，可供攻擊戰略之用，可將盟軍置於死地。」[25]美國參謀首長聯席會議當時也曾向國安會表示：「美國應該利用外交和經濟手段防止共產黨控制台灣，以確保台灣由非敵對的政權所管轄。」[26]事實上，早在第二次世界大戰時期，美軍就視台灣為橫越太平洋向中國大陸及日本本土挺進、必須力爭的「唯一最重要的目標」。[27]一九四四年盟軍反攻日本的「花崗石二號」作戰構想，美國聯參會最初就是主張「馬里安納－台灣－中國」的作戰順序，先攻下台灣，建立港口、機場，再以台灣為支點，支援中國大陸對日本本土展開大規模轟炸。[28]

一旦台灣落入中共手中，將引發兩個問題：其一，台灣的戰略地位將有助於中共在東亞地區遂行其霸權，對美國及其亞太盟邦構成威脅。[29]另外，將造成亞太地區國家失去對美國防衛承諾的信任。為求自保，可能迫使日本等區域內國家選擇走自己的路，以發展海上力量與核子能力作為因應。[30]這將迫使西太平洋地區的國家開始軍備競賽，引發另一種區域的不穩定。

在美國的圍堵政策之中，台灣因為具有遏制中共軍力東擴的地緣戰略價值，加上長期與中共的矛盾對立，遂成為不可缺少的有力槓桿。[31]然而此舉除了造成美國與中共關係的緊張，也讓原本就是美中關係中最敏感、最重要的台灣問題添加了複雜性。

中共對於外國干涉中國事務極為敏感，「台灣問題國際化」一向是中共的大忌。[32]中共一方面擔心台灣的民主化會使得台灣更加斥拒對中國的認同，並逐漸從現狀的獨立走向真正的（法理上）獨立；另一方面，也憂心美國會支持台灣獨立，[33]助長台灣採取更激烈的行為走向獨立。[34]此外，美國與中共在對台灣的自衛的承諾也存有很深的歧見，[35]使得問題更加激化。上述問題均使得美國與中共因對台灣問題的不同調，存在潛在的衝突危機。而介於兩強之間的台灣，應該認清角色，慎謀自處之道。

台灣應有的認知

對台灣而言，台灣可能因為被視為進軍中國大陸市場的跳板或被視為維護亞太區域利益的不沉航空母艦，而具有「四戰之地」戰略價值。但是，這樣的戰略價值是由外在的國際情勢決定，台灣自身完全無法置喙。一旦台灣失去經貿上的利基，或是只要亞太強權如美國、俄國、日本、中共等國達到權力平衡或是關係得到和緩，台灣的地位極可能因為不再被認為具有戰略價值而遭貶抑甚至被出賣。例如：一九四九年美國以抗蘇為主要目標，當時的抗蘇戰略在歐洲主攻、亞洲主守。美國在亞洲只維持菲律賓、琉球、日本、阿留申群島而到阿拉斯加等口岸與島嶼之間的防線，這是美國軍事戰略的重點。[36]台灣並未被包括在內，頗有任其自生自滅之意。直到一九五〇年十月韓戰爆發，基於抗共需要，美國必須在西太平洋的亞洲前緣建立前進基地，台灣才成為美國結盟的對象。

縱使台灣因美中之間的矛盾而具價值，但是當台灣以小國之身卻坐擁「四戰之地」的戰略位置，反可能成為外力覬覦或利用的對象。歷史上的柏林、奧地利及巴爾幹半島皆曾因位處四戰之地，卻因國小力窮無力抵擋強權勢力，而慘遭被覬覦、侵占的命運。美國戰略分析家歐爾（James E. Auer）與李蔭（Robyn Lim）教授就認為台灣具有另一項緩衝美中衝突的戰略價值。他們認為位處強權角力所在地的台灣，其地位之於美國，就如同冷戰時期的柏林一樣。柏林當時扮演了避免美蘇之間發生戰爭的緩衝機制，藉著提供柏林適當的軍事能力防衛西歐免遭蘇聯攻擊，美國確保其不必與蘇聯發生戰爭。因此，保持柏林的獨立地位符合美國的戰略利益。[37]基於相同的道理，該兩名學者主張，維持目前台灣事實獨立的現況，藉以緩衝美國與中共爆發戰爭的風險，符合美國的戰略利益。[38]

中國古諺「懷璧其罪」，當強權是以維護自身國家利益的權謀眼光打量台灣時，周旋其間的台灣不但不應以此慶幸，反而更須謹慎以對。

【第八章】

中國對美國的利益

如前文分析，美國與中共的利益在結構面上彼此有互利也有矛盾。從實務面上，除了經貿上的利益，美國與中共在許多議題，諸如：反恐的合作、反恐議題的全面性對話、促進朝鮮半島的穩定、促進人權、共同防止環境遭破壞、愛滋病擴散等危害人類健康的威脅等，都有必須共同面對的問題。[1]

打擊恐怖主義威脅

美國和中共都遭受恐怖主義的威脅。美國方面，早在二〇〇一年九月十一日美國遭到恐怖分子攻擊之前，美國的駐外軍事機構、外交領館、境內行政機關就已成為恐怖分子下手的目標，一連串恐怖分子攻擊事件讓美國付出非常慘重的代價。然而，在同恐怖分子的對抗中，美國卻一直處於被動的不利狀態，始終沒有找出對付恐怖分子的有效方法。[2]基於反恐戰爭的需要，如前文所分析，美國必須獲得中共的支持。

對中共而言，中共配合美國行動採取適當作為自有其利益盤算。中共一方面不想與國際輿論為敵，另一方面則想趁機與華盛頓方面建立更具建設性及正面性的關係。[3]此外，中共早已對處理新疆地區從事獨立建國運動、鼓吹建立「東土耳其斯坦」的分離主義分子（疆獨）感到棘手，中共估計約有一千名中國回教人士在賓拉登蓋達組織負責的阿富汗營區內接受過訓練，[4]因此視之為恐怖分子予以鎮壓。[5]二〇〇〇年九月上旬，新疆首府烏魯木齊市區發生了汽車爆炸事件，儘管中共當局排除了這場爆炸案是疆獨分子所為，但是，中共總理朱鎔基在事後視察新疆時強調要施展「鐵拳」，狠狠打擊恐怖主義、極端主義和分裂主義分子。[6]為了防止恐怖主義的威脅，中共於二〇〇一年六月十五日同俄羅斯、哈薩克、吉爾吉斯、塔吉克、烏茲別克五國在上海舉行「上海合作組織」峰會，會中六位與會國元首簽署共同打擊恐怖主義、極端主義和分裂主義「三股勢力」公約。[7]

美國與中共都受到恐怖分子的威脅，攜手合作打擊恐怖主義成為兩國的共同利益與目標。中共是聯合國安理會的常任理事國，其支援對於美國在全球的反恐行動極為重要。特別是九一一事件之後，美國擴大反恐打擊對象，中共反恐的角色與態度更形重要。美國國務院在二〇〇一年將伊朗、伊拉克、敘利亞、利比亞、蘇丹以及北韓等六個國家定位為支持恐怖主義國家，[8]更是直接點名伊朗、伊拉克、北韓為「邪惡軸心」，中共與這些國家都有良好的外交關係，並牽涉核武、導彈等大規模毀滅性武器與技術的轉移。[9]

美國智庫大西洋理事會主張美中共同合作打擊恐怖主義分子的威脅，其對象不應僅只是賓拉登之徒，還包括制止所有的恐怖手段與行動，以及庇護、支援恐怖分子的國家，[10]美國因此必須更加仰賴情報、法律、外交、財經，這些都需要中共的支援與合作。而一旦美國在反恐行動上必要時須動用武力，安理會常任理事國的中共的支持，將有助於美國從事反恐行動。

中共雖然表示全力支持美國反恐行動，但並非主動、實質協助美國在其他地區反恐作為。中共主張聯合國安理會而非美國應在國際反恐問題上發揮主導作用。[11]而除了提供美國有限的情報交換，中共其實另有所圖。中共向來將對其政權構成威脅的組織、團體或個人定位為恐怖主義，從穆斯林分離分子、藏獨、法輪功到政治與宗教異議人士都是中共的黑名單。中共為了增進其反恐怖主義的態勢與國內的安全，已經加強在新疆地區的警戒，並且正在提高該地區的軍隊與公安部門的戒備等級。[12]所以，中國大陸西北國境內外的威脅才是中共「反恐」的主要目標。中共藉著與美方共同合作反恐，要求美國將疆獨列為恐怖組織，取得合理鎮壓新疆分離主義分子的藉口。[13]

美國也是另有盤算，以反恐之名攻打伊拉克的計畫，必須得到中共的支持才可以減少不必要的阻力。為此美國在新疆的獨立運動上讓步，二〇〇二年八月根據第一三二二四號行政令，定位「東突伊斯蘭運動」為恐怖主義組織，[14]九月並與中共共同要求聯合國制裁委員會將「東突伊斯蘭運動」列入聯合國安理會第一二六七號和第一三九〇號決議的實施對象。[15]美中合作反恐怖主義除了有區域安全與穩定的利益，雙方趁反恐展開利益交換，互相從對方身上行有利於己方的需索，美國與中共因反恐而有了暫時的共同利益。

禁止大規模毀滅性武器擴散

大規模毀滅性武器的擴散涉及美國國家利益，美國歷任政府對此問題都極為關切。[16]在遭受恐怖分子發動的九一一攻擊事件之後，美國擔心恐怖主義分子一旦獲得並使用大規模毀滅性武器，造成的傷亡將成倍增加，大規模毀滅性武器的擴散更是美國關注的焦點。[17]美國國防部在事件發生後立刻指出，美軍在武裝衝突中雖然享有許多優勢，但是也可能面對擁有多樣作戰能力的敵人，以諸如不對稱手段、特別是大規模毀滅性武器作戰，對付美軍部隊。[18]時任中央情報局局長特納評估九一一事件後的安全情勢，發出

「美國現今面臨的是恐怖分子與大規模毀滅性武器結合的『複合式威脅』」的警告。[19]特納並研判，在未來的十年內，攻陸巡弋飛彈不僅可能嚴重威脅美國部署在海外部隊的安全，甚至連美國本土都可能面臨遭受攻擊的危險。[20]二〇〇二年美國總統小布希在西點軍校演講時就特別強調：「對自由的最大威脅在於激進主義與技術的結合。如果化學、生物和核武隨著彈道飛彈技術擴散，一旦這樣的情況發生，甚至弱小的國家和小規模的集團也有可能獲得打擊大國的災難性力量。我們的敵人已公然宣布這一企圖，他們尋求這種可怕的武器的計畫已被揭穿。他們想用這種能力來脅迫我們，來傷害我們或我們的友邦。」[21]特納與小布希的談話，顯示出美國政府對大規模毀滅性武器擴散威脅的憂心與重視，也更加凸顯防止擴散的重要性。

所謂「大規模毀滅性武器」，根據美國《國防部軍語字典》的定義，係指「能夠產生強大的破壞威力，或（及）巨大殺傷力的武器。其種類包括高爆威力、核子、生物、化學以及輻射性威脅等武器」。[22]長久以來，美國認為中共是伊朗、伊拉克、北韓等「邪惡軸心」獲取飛彈相關科技與核子原料的主要提供者。[23]由於中共的協助，造成了大規模毀滅性武器、彈道飛彈與巡弋飛彈的設計與製造技術的擴散，對美國在中東以及亞洲的安全利益構成嚴重的威脅。[24]

中共曾對國際間的禁止武器擴散機制，如《飛彈技術管制協定》、[25]《禁止核擴散條約》[26]及《化學武器公約》等做出停止擴散的承諾，但是一般來說都只有口惠而無其實。[27]例如，在中共的協助下，北韓仍然可以透過在中國大陸的北韓公司取得製造彈道飛彈的物質與零件，因而具有發射生化武器的能力。[28]

另外，中共為了緩和美國對中共提供伊朗及巴基斯坦發展七百五十公斤酬載的大汗（Shaheen）1型飛彈與二千公斤酬載的大汗2型飛彈計畫所需組件的不滿，[29]與美國達成協議不再協助任何國家發展「飛彈技術管制協定」所管制的可酬載五百公斤和射程三百公里以上，可以用來投射核子武器的彈道飛彈。[30]聲明中，中共亦強調將在最快時間內公布一份完整的飛彈及相關物項和雙重用途材料的出口管制清單，清單所列的品項必須向政府申請執照方可出口；中共並強調「中國政府在核准執照前會審慎查明申請出口品項的『終端使用者』，以及是否會被用於製造可以攜帶核武的飛彈」。當時中共亦保證縱使清單未列載的項目，也會以謹慎的態度並採取特別的安全措施予以控管。[31]由於中共並非該協定的會員國，亦未參與其他諸如「核子供應者集團」的禁止擴散機制，難收實際的約束效果。美國雖曾多次要求中共履約，結果總是不了了之。[32]

中共之所以持續對北韓等國家輸出管制武器技術有下列幾點原因：[33]

一、**以此作為對抗美國的槓桿**。中共懷疑美國正企圖掌控整個波斯灣地區，藉以控制該地區的油源，此舉已經威脅其國家的能源安全。[34]軍售正可提供中共介入波斯灣地區與美國強權抗衡的籌碼。[35]

二、**增加中共的政治與軍事的影響力**。前美國駐北京陸軍武官、美國「傳統基金會亞洲研究中心」主任伍爾澤（Larry M. Wortzel）即指出，「中共對流氓國家的武器擴散除了提高中共的聲望，也增加在地區的影響力」。[36]

三、**獲取外匯及石油資源**。中共大部分的進口石油的油源來自波斯灣地區，為了長期的經濟與戰略利益以及延伸中共的影響力，中共特別注重經營具有豐富油藏的支持恐怖主義國家的關係。與伊朗及伊拉克國家保持合作關係，可確保平時或危機時候中共經濟發展所需的油源不至匱乏，這種依賴關係在未來會愈來愈增加。

美國國防部分析，基於經濟與戰略的理由，中共幾乎會繼續對武器擴散做出模擬兩可的保證以從中獲取利益。[37]美國官員普遍認為中共的武器擴散極為危險，針對中共武器擴散的問題雖然美國給予經濟制裁，但是一般而言效果有限，美國「美中安全檢討委員會」甚至認為利用制裁嚇阻中共的政策已經失敗。[38]

但只要美國的防衛承諾及美軍部隊仍然受到核生化武器與飛彈的威脅，防止大規模毀滅性武器擴散則仍將是美國東亞地區戰略中重要的一環。[39]就美國而言，中共參與國際間的禁止武器擴散機制符合美國的安全利益。但是，中共與美國對飛彈規模認知的不同，對全球武器轉移的看法亦有差距，加上國家利益有別、意識型態分歧，未來美中對大規模毀滅性武器擴散的爭議仍可能繼續存在，並可能導致雙方利益的衝突。

經貿關係

美國是中國大陸的重要貿易夥伴，同時也是中國大陸最大的出口市場以及經濟、科技的主要投資國；[40]中國大陸也是美國的重要貿易夥伴。[41]雙方在經濟利益上有高度的依賴關係。

雙邊貿易部分，中國大陸擁有十三億人口的廣大市場，是美國產品與服務成長最快的市場之一。投資部分，從一九九〇年起，中國大陸開始吸引無數的外資進入，變成世界最大的「外國直接投資」的挹注對象之一。[42]在全球各地區的開發中國家之中，中國大陸已經成為美國投資資金的最愛，甚至超過與美國簽訂《北美自由貿易協定》的墨西哥。[43]

美國之所以看上中國大陸，除了廣大的市場，該地區低成本的製造平台所創造出全球市場的競爭優勢，更讓這些美商跨國企業心動。[44]摩根史坦利的分析指出，「中國廣大的消費者及勞工市場與世界其他地區確實不同，對許多的美國公司來說，他們沒有選擇只有『擦』下去一途」。[45]美中緊密的貿易關係，為雙方帶來巨大的經貿利益。美國對中共的投資與製造設施及技術的轉移，使中國大陸成為全球出口貿易的平台，也提升了中國大陸的經濟實力。迅速發展的經貿關係成為美中關係的重要支柱，但是一連串貿易糾紛也隨之衍生。其中因巨額貿易逆差所形成美中經貿利益的分歧，造成雙方不平衡的關係，影響到美國人民的工作、薪資，甚至全美國製造業的經濟體質，[46]成為影響美中關係，甚至導致衝突的問題。

美國對中共的貿易逆差始於一九八三年，[47]一九九〇年代初急遽惡化，中共超越日本成為美國的最大逆差國。[48]美中不平衡的貿易關係造成幾點負面影響：

一、**美國人民對喪失工作機會的不滿**。雖然美國商業部曾聲稱每十億美元的出口將為美國人民創造一萬一千至二萬個工作機會；[49]但是美國的資金與中國大陸的人力所製造生產的低廉產品回銷美國後，搶占了市場的占有率，迫使美國勞工面臨被取代的窘境。[50]經濟政策研究所（The Economic Policy Institute）即指出，美國每進口十億美元的產品，就要付出失去一萬一千至兩萬個工作機會的損失。[51]此外，中國大陸低廉的勞工結合大量外資，讓部分工業根本無法與中國大陸競爭。[52]因此，不僅美國本土成衣工業將消失，未來美國主要工業除了資訊業以外，只有航空與航太、軍事、汽車、化工、石油與天然氣勘探和開採設備、食品加工設備等六、七項會繼續存在，其他工業都會不同程度地轉移國外，而中國大陸將會是最大的轉移地。[53]產業轉移凸顯勞工失業的問題，美國製造業大量裁員，對美國社會造成莫大衝擊。

二、**對中共改進美中不平衡貿易誠意的不以為然**。中共利用關稅及非關稅政策手段保護本國物資，雖然近年中共關稅已經大幅降低，但是中共及國營企業仍針對進口物品施以一連串非關稅的貿易壁壘。根據美中安全檢討委員會分析，美中貿易額只占全美外貿總額的百分之六．五，但是逆差卻高達全美總逆差額的百分之二十。另外，美國與中國大陸的貿易「進口/出口率」高達五．三二比一（比值越高代表逆差越大），但是與日本以及歐盟則只有二．二比一與一．三八比一。另根據統計資料，二〇〇〇年美國購買了中國大陸對外出口總額的百分之四十一．三的物品，但是中共卻只採購美國百分之二總出口額的貨品；此外，中共從歐盟、日本、美國等主要的貿易夥伴中的進口額，美國歷年都是最低。相較之下，美國認為中共改進不平衡貿易的誠意似不如其他的工業化國家。[54]

三、**對影響國防工業基礎的憂心**。美中貿易逆差中，極大數量是美國採購中國大陸的先進科技產品所造成，由於美國對中共製造該類型的產品日益依賴，專家分析可能會影響未來美國國防工業的基礎。[55]

四、**對助長中共軍費的擔心**。美中安全檢討委員會分析，夾著對美國鉅額貿易順差與大量外資流入的優勢，中國大陸迅速累積豐厚的外匯存底，對中共的利益遠超出經濟層面，讓中共擁有更多的戰略選擇，例如加強軍事現代化。對美國鉅額貿易順差使中共獲得豐厚的強勢貨幣，[56]成為中共對外獲取武器裝備與科技以進行軍事現代化所需的重要資金，[57]該筆經費卻無法從中共年度軍費的歲入項目中追蹤。[58]

上述負面影響，增加了美國與中共之間的緊張關係。芝加哥外交關係協會的民意調查顯示，百分之五十三的美國人相信，中共實際上在從事「不公平貿易」；百分之五十一贊同必要時對中共實施經濟制裁。[59]美中安全檢討委員會提出警告，指出「中共在對美經濟和戰略關係上的態勢正大幅升高，美國應拿出比目前堅定的回應，以確保貿易法規獲得遵守，並避免大規模毀滅武器的擴散」。[60]

雖然美中兩國在經濟上的共同利益，已使雙方關係難分難解。隨著經濟全球化的發展，兩國的經貿關係將更加密切，這種經濟上的互補互利，已成為維繫兩國關係的重要基礎。但是，隨著經貿發展所導致的不平衡經貿關係已更形惡化，形成一種由經濟引起的中美政治摩擦因素。

維護亞太區域穩定

美國與中共在亞太地區有許多共同的利益，維持地區的安全與穩定，符合雙方利益。矛盾的是，這些共同利益，卻因涉及兩國之間在區域強權地位與利益的競逐，反而可能成為雙方衝突的來源。

共同利益

對美國而言，亞太經濟體具有重大的戰略意涵。美國的貿易有一半以上是在亞太地區進行，[61]一般預料，跨太平洋的投資與貿易將成為跨大西洋的投資與貿易額的兩倍。頻繁的經貿互動為美國人創造了龐大的就業機會，民間的交流也日形密切。[62]除了經貿上的利益，美國在亞太的利益還包括：政治、海上航行自由、同盟與民主改革等。特別是當美國以執行反恐作戰為首要國家目標，維持穩定的亞太情勢更形重要。[63]

對中共而言，現階段國家發展的重點是「集中精力把自己的事情辦好，把綜合國力搞上去」，[64]必須有一個和平的外在環境與一個穩定的內在環境。[65]在經濟工程方面，中共希望在本世紀中期，能將原本落後的中國變成一個中度開發國家。[66]國外的資金、技術與能源供應的穩定是中國大陸經濟現代化成功的基礎與關鍵，為了達成這個目的，中共亟力避免採取可能對經濟成長或吸引外資造成威脅的行動。

中共近年來快速的經濟成長，使得中國大陸對石油能源的需求日漸增大。[67]一九九〇年代初期中共還是石油淨輸出國，但是至一九九三年開始，能源消耗遠超過國內的能源供給，中共變成石油淨輸入國。[68]就能源安全政策的角度，等同生命線的台灣或是東南亞航線，[69]如果遭到長時期的封鎖或被迫關閉，都會嚴重打擊中共的經濟發展。[70]為了保持此一地區海上交通線的暢通，維持亞太區域的穩定至為重要。經濟的因素凸顯出在維護區域的穩定上，美國與中共具有共同的利益。

利益衝突

在當今單極為主的多極體系中，美國以獨強姿態出現，正如美國前總統老布希所言「美國目前在世界上正享有無可爭辯與受尊敬的領導地位」。[71]但是美國仍面臨若干挑戰，而中共就是主要的一項威脅。美中雙方在亞太區域安全上存在許多的分歧與矛盾，主要在於美國關切中共正往戰略競爭者、甚至是亞洲霸權的道路邁進；中共則擔心美國展現其全球霸權，允許日本軍事化，默許台灣走向獨立。[72]

由於中共不斷地加強軍備，並持續解放軍的現代化，中共目前已經擁有戰略核子武器、彈道飛彈、有限度的「藍水海軍」的區域性武器投射能力，以及提升的空軍戰力，不但對美國及其亞太盟邦均已構成威脅，中共在東南沿海部署的導彈威脅，更被美方視為挑釁的源頭。[73]

針對中共挑戰美國霸權、威脅區域穩定，但是美中雙方也存有共享利益的事實，早在一九九〇年代末期，美國學者就曾提出了對中共圍堵與交往雙管齊下的「圍交」政策。[74]

主張交往的學者中，李侃如認為美國應給予中共必要支援，協助將中共整合至亞洲甚至全球體系，讓中共朝有利於國際體系的方向發展。[75]沈大偉亦相信藉由交往政策，可以將中共納入國際規則體制內，同時維持開放管道以推動雙邊國家利益；交往另一方面也可以促使中國大陸的社會朝向自由與開放進一步發展。[76]美國政府在經濟與政治上給予中共協助，例如：從支持中共加入世界貿易組織，支持申辦二〇〇八年奧運等，以及小布希赴中國大陸參加亞太經合會，又到北京會晤江澤民的高層對話制度化，就是基於這種思維。

主張圍堵中共的學者並不認同交往派的觀點，他們認為中共對區域安全及國際體系具有破壞性威脅，主張以「權力平衡」為手段嚇阻、圍堵或制約中共。[77]圍堵論者批評交往政策是天真且一廂情願的想法，是現代的一種姑息政策。他們視中共為典型的崛起強權，具有侵略意圖，僅憑互賴並不足以影響中共的行為。[78]席格爾（Gerald Segal）就認為，只有在壓力持續存在時，中共的政策才會軟化；一旦壓力消失，中共將為所欲為。席格爾因此強調，學習制約中共是所有強權國家必須要做的事，特別是對東亞國家更是刻不容緩。[79]

圍堵的思想正是美國政府內鷹派人士的想法，他們主張在軍事與外交上對中共採取遏制的強硬手段。一方面在西太平洋維持適當的武力，並在亞太地區積極發展「戰區飛彈防禦系統」，展現必要時不惜動武嚇阻中共發展區域霸權的野心；另一方面限制和中共之間的交流與雙邊軍事活動，[80]加強與日本、澳洲的聯盟關係。[81]並藉由反恐與俄國、印度、巴基斯坦發展合作關係。其中，美國基於反恐作戰需要，在東南亞到南亞、中亞至中東的中共輸入石油航線上，部署了反恐作戰部隊，此舉隱約具有制約中共的意義。[82]

對部分中共學者而言，美國對中共的崛起心生警惕，可能為了分割中國的領土而決定要遏制中共，對中共採行戰略欺敵作為，甚至可能以某種方式將戰爭強加於中共頭上，直接對中共發動攻擊，以維持其霸權地位。[83]中共國防大學軍事學者張召忠曾在一九九九年表示：「未來十至十五年為中共發展中最艱困、最重要的時期，因為美國體會此時為遏制中國的最佳時機，因此美國提出了如『中國威脅論』的言論來壓制中國。」[84]中共現代國際關係研究所楚樹龍則認為，美國對中共的外交作為中所隱含的負面、極端主義傾向，對美中關係非常危險。[85]閻學通亦提出警告，指出當中共的國力增強，而「絕望」的美國拚命想要維持其領導地位時，兩國即可能發生衝突。[86]另有部分人士認為，美國未來對華政策的底線，並不是懼怕中共崛起，而只是想讓中共處於既發展又不能健康發展的狀態。[87]北京人民大學教授時殷弘即曾指出：「美國對中共大戰略意向，亦即一方面對將興起為強國的中國構築長期的戰略防範，在具體問題上迫使中共就範的政治壓力，並施以局部而間接的軍事威脅；同時有選擇性地維持與中國的多方面交往，以滿足美國在全球和區域層次上的重大安全及外交需要。」[88]

由於美中互相競逐亞太地區的主導地位，未來不排除美國與中共在亞太地區可能發生衝突。如果中共以武力解決台灣問題，將危害亞太區域的安全與穩定，對美國在亞太地區的利益產生負面影響，因此美國不得不重視台海軍事衝突可能帶來的衝擊，因而增加其軍事介入的可能性。

第四部
美國軍事介入台海衝突的可能方式

永遠不要把國家的命運交給別人。

——法國軍事家 戴高樂（Général de Gaulle）

【第九章】美國對中共威懾台灣的軍事介入方式

根據第三部的分析，未來中共如果以非和平手段解決台灣問題，美國自當不會坐視而會有所反應和行動。但是美國如何介入？可能採取的軍事作為有哪些？特別是美國是否可能直接派兵參戰？

自一九九六年三月美國與中共在台海發生軍事對峙事件之後，美國國防部及軍方高層決策人士體認到台灣海峽將可能成為美中之間爆發大戰的導火線，研擬未來與中共解放軍交戰的對策成為美國國防部的重要課題。[1]包括軍事學術機構，也分從理論面與實務面著手，進行相關議題的研討與推演。筆者在美國海軍戰爭學院研習時，該校舉行的多場研討會，其議題多與台海的情勢與美軍的因應作為有關。在當年畢業前所舉行的「兵棋推演」，也是以在美國處理其他區域衝突時，中共解放軍在台海的可能作為為「想定」。第四部將先從美國的亞太軍力加以分析，進而根據前文中共對台軍事行動的意圖與方式，分從「威懾台灣」與「攻占台灣」兩種情境，探討美國軍事介入的方式。

美國東亞防務

亞洲是當今全球最可能爆發衝突的地區，因此美國近年來開始加強亞太地區的駐軍。[2]其目的除了用以嚇阻伊拉克、北韓等「邪惡軸心」國家進犯鄰國之外，主要還是用來遏制中共以及其對台灣的威脅。[3]美國曾在美台防禦峰會上明確地表示，美國擬增強亞太兵力，以確保台灣有足夠自衛能力，俾在未來台海衝突時擊敗中共威迫台灣統一的企圖。[4]

美國由太平洋作戰司令部（編按：二〇一八年更名為印太司令部）負責東亞地區的防務，責任區含括美國西岸直到阿拉伯灣，包括太平洋、印度洋以及北極海的亞太地區。由於太平洋戰區主要為遼闊海區，因此轄屬的美國海軍太平洋艦隊擔負重要的防禦責任。未來如果台海有事，美國海軍太平洋艦隊將是美國介入台海衝突的主要軍事力量。

太平洋艦隊下轄第三艦隊及第七艦隊，以太平洋的夏威夷、南韓、日本、關島，以及位於印度洋的迪亞哥加西亞為主要基地，分別負責東、西太平洋的防務。

值得一提的是，海軍之所以成為美國軍事介入他國事務的主要力量，一方面因為海軍不同於空軍與陸軍在部署兵力時受到諸多的時空限制，其艦艇可以一年三百六十五天、一天二十四小時獨立於陸岸，在海上長期持續部署，維護區域安全；另一方面，海軍艦隊不同於駐守在外國領土的陸基兵力，毋須看駐在國的臉色，並且受到雙邊或多邊協定的規範。[5]美國海軍向來有「一艘航空母艦代表四．五英畝的美國領土」的說法。[6]根據《海洋國際法》，在海上行動的美國海軍艦隊是美國領土主權的一部分，所以可以更彈性、更自由、更有效地遂行美國政策。[7]以美軍執行伊拉克禁航區任務為例，美國海軍執行轟炸任務完全不受波斯灣國家的政治考量而有所影響，但是，駐防在波斯灣盟邦國基地的「陸基飛機」*，就必須受限於駐地國的政治立場，譬如，沙烏地阿拉伯就不允許從其境內基地起飛的美軍戰機轟炸伊拉克。[8]

未來台海衝突時，如果亞太地區的國家屈從於中共的威脅，而對美軍使用其國內基地所執行的任務加以限制或干擾，美軍太平洋艦隊將是美國所依賴的主要武力。

未來中共如果以非和平手段解決台灣問題，美國自當不會坐視而會有所反應和行動。但是，美軍如何介入，是否有其限制，這是本書後續將要探討的重點。筆者根據前文中共對台軍事行動的意圖與情境，分從「威懾台灣」與「攻占台灣」（見第十章）兩

* 編按：泛指所有只能在陸地機場起飛和降落的飛機，這一類的飛機不包括可以同時在航空母艦或水面上起降落的飛機。

方面探討美國軍事介入的方式。

如果中共威懾台灣

依照布萊爾將軍在參議院國防委員會聽證會的說詞，「美國不會坐視兩岸關係惡化至不可收拾，美國應該會在開火之前就設法制止緊張程度往上提升」。[9]只要中共顯露以武力威迫台灣的意圖，美國理應採取行動。

在此衝突情境下，美軍應該是以「調停者」而非「防衛者」的角色介入台海衝突。根據麥利凱的說法，美國支援台灣的行動有程度上的差別。[10]因此，美軍採取軍事行動時，將會考量避免與中共交火，不過度刺激中共，保持轉圜空間與後續應變的彈性，並防止衝突升級成全面性戰爭。為了達成「嚇阻中共入侵、解決台海衝突」的目標，筆者研判美軍介入方式，將如美國前駐北京大使李潔明（James Lilley）曾表示的「採取『防禦性』的軍事行動」，[11]並以「較小規模緊急應變行動」的性質，採取「非戰爭的軍事行動」之手段介入，其中又以哈斯所歸納「間接性武力支援」的軍事介入方式較為可能。美國一方面加強對台軍事援助，另一方面視中共挑釁程度，以武力展示向中共傳達美國關切台海事務必須和平處理的訊息。當然，在同一時間，美國會提升美軍「前沿駐防」[12]的武力戰備，以嚇阻中共進一步升高衝突，化解台海走向開火的緊張情勢。

美軍可能介入方式之一：加強對台軍事援助

情報支援

蘭德公司主張美國應明確、適當地選擇「如何」及「何時」與台灣分享資訊和情報。[13]此舉對台灣具有四項重要的意義：

一、**早期預警**：美軍的情報蒐集系統提供台灣中共部隊的動態，例如：導彈進駐、機降及運輸部隊集結調度等訊息，有利於台灣島內採取先期防護作為，部隊亦可展開前置部署。

二、**掌握敵情**：在戰場上，透過美軍即時定位情資，台灣可掌握更精確的敵情，如中共潛艦行蹤、解放軍海軍艦艇動態等，採取反制行動。[14]

三、**建立共識**：美軍分享中共威脅的動態照片，將使美台雙方更容易在軍售和美台軍事合作上達成共識。[15]

四、**防止誤判**：特別是當中共的目的只是以兵力調動的方式虛張聲勢、威懾台灣時，正確的情資可以避免兩岸雙方採取升高衝突的作為，免除因擦槍走火所可能引發的危機。

根據中共解放軍刊物《當代海軍》的報導，一九九六年三月中共對台軍演期間，美國海軍曾由美國本土等三地增調十三架P-3C／EP-3E型機，與美國空軍RC-135型機、海上艦船及太空偵察衛星，組成對中國大陸的偵察小組，對共軍實施二十四小時不間斷的偵察，提供台灣當面敵情。[16]

未來如果台海發生衝突，沈大偉建議美國可利用空中預警機提供情報資訊。[17]蘭德公司主張特別是在危機時，每天提供台灣政府和軍方領導人戰略及戰術情況的精確照片，才能使台灣方面充分掌握因應危機的手段。[18]麥利凱則認為美國可能只消極地以祕密或公開的方式，供應與解放軍備戰、行動、兵力規模、單位駐地等有關的情資。但是一旦戰況進入某種階段，美國也可能願意在有限範圍內採取較積極的行動，例如：美國的反潛武力可能暗中追蹤解放軍潛艦，提供情報給台灣軍方；美國亦可提供台灣海軍有關解放軍艦艇動態的即時定位資訊。[19]

提供防衛性武器與有限的台美聯合軍事行動

為了加強台灣自衛的能力，美國亦可能以軍售或直接提供台灣防衛所需的武器裝備，並以不具官方身分的軍事顧問團協助台灣。在美國對台軍事援助作為之中，最引人關注的是美國屆時是否會以類似聯盟或準聯盟的方式與台灣採取聯合軍事行動。以下將就其可能性提出探討。

美國提供台灣武器是在其亞太區域安全戰略架構下，依據《八一七公報》、〈六項保證〉、《台灣關係法》等三份文件執行，目的在維持台灣足夠之自衛能力，以確保台海和平。[20]

一九八二年，美國雷根政府為了進一步鞏固與中共的關係，和中共簽署了《八一七公報》，內容除了重申尊重中共對台一貫立場外，公報中的第六點強調「美國政府聲明，它不尋求執行一項長期向台灣出售武器的政策，它向台灣出售的武器在性能和數量上將不超過中美建交後近幾年供應的水平，它準備逐步減少對台灣的武器出售，並經過一段時間尋致最後的解決」的主張。[21]但是在同年七月十四日，美方即尋適當途徑對台灣做出「六項保證」，內容如下：[22]

一、美國未同意對台灣軍售設定期限。

二、美國對中共要求就對台軍售事項與其事先諮商一事未予同意。

三、美方無計畫修改《台灣關係法》。

四、美國無意扮演任何台灣與中共之間調停的角色。

五、美國並未變更其對台灣主權的一貫立場。

六、美國無意對台灣施壓與中共進行談判。

「六項保證」便成為美國對台政策的一貫立場。根據《台灣關係法》第三條規定，美國應該讓台灣能取得維持足夠防禦能力所必要的防禦武器及服務性質；該法亦明定，美國總統和國會將依據對台灣防衛需要的判斷，遵照法定程序來決定提供此種防禦武器及服務的性質與數量。這項針對台灣防衛需要的判斷，應包括美國軍事當局向總統及國會提供建議時的檢討報告。

就實際售台武器的質與量而言，美國大西洋理事會建議美國未來對台軍售，應取決於中共的威脅程度以及台灣使用現有武器的能力。[23]

在中共威脅部分，美國國防部在《中共軍力評估報告》中，就中共軍事威脅對兩岸軍力的影響做了詳細的分析，[24]該報告指出台灣在防衛上的弱點：在反導彈方面，中共有短程彈道飛彈可以襲台，未來還會不斷增加。在海軍方面，雖然台灣海軍在數量上仍維持領先，但是中共擁有為數龐大的潛艦，能夠以魚雷、水雷來制海，而中共的商船和漁船也能布雷封鎖台灣的港口。此外，解放軍海軍各式艦艇上的反艦飛彈也能攻擊台灣的船隻。在空軍方面，台灣的空軍長久以來一直維持台海制空優勢，第四代戰機換裝後，數量上仍三倍於中共空軍。而解放軍空軍或許也沒有大規模空中滯空、接戰的能力。然而中共軍力現代化、武器更新、飛行員訓練、戰術戰法和指揮統合的進步，正逐步縮小台灣空軍的優勢，解放軍空軍第四代戰機的換裝也將拉近雙方的差距。該報告評估中共將可望逐漸改善此一情勢，北京的短程彈道飛彈可以減低台灣的防空能力和打擊台灣空軍基地，作為空襲行動時用來癱瘓台灣空軍和破壞其軍事設施。根據報告，依照這種情勢發展下去，在未來幾年內，中共很可能將有能力運用包括短程彈道飛彈、攻陸巡弋飛彈在內等戰術武力對台灣所有的空軍基地造成嚴重損害，減弱地表的防空設施以及防空相關的號令控制系統。在陸軍方面，該報告則認為中共人民解放軍有數量龐大的優勢，但是除非中共能有效地增加中到大型的兩棲登陸艦隊以及增強兩棲作戰補給能力，否則台灣的陸軍軍力在台灣本島作戰仍享有優勢。歸納以上的分析，顯示台灣軍力目前領先的差距正在縮小，中國大陸落後的部分則正迎頭趕上，使得未來台灣面臨的威脅更形增加。

在能力部分，鑒於九六年飛彈危機以及中共大力發展資訊戰、癱瘓作戰能力的事實，近年來美軍認為台灣欲維持兩岸軍事平衡與國家安全，必須以提升「承受第一擊之能力」作為建軍備戰之要務，著重「指管系統」之整合與防護，以及「抗炸能力」之改善。[25]除了武器、設施等硬體方面的質與量待增進之外，美軍普遍也認為台灣本身的脆弱，質疑台灣在戰備、使用高科技裝備與有效整合武器裝備的能力。[26]史文發表一篇提供美國國防部長辦公室參考，名為《台灣的國家安全、國防政策、與軍購過程》的研究專文，指出「台灣的防禦作戰陸海空三軍各行其事，缺乏有效整合；防禦戰略並非依據聯合作戰的概念制訂」等有關戰力整合結構性的問題。[27]而美國國防部向國會所提出的《台海安全情勢報告》也指出，台灣軍事結構的問題將影響台灣確保台海軍事優勢。這主要包括各種人事與後勤體系問題，以及技術吸收、作戰準則發展與戰力整合的挑戰。[28]美國在台協會台北辦事處前處長包道格解釋美國不出售台灣「神盾」艦的原因時表示，「台灣的陸軍是陸軍、海軍是海軍、空軍是空軍，三軍沒有聯合作戰能力」。包道格甚至嚴厲地質疑，台灣在這種情形下操作高科技武器，用起來會「亂七八糟」，甚至難免傷到自己。[29]

為了提升台灣防衛能力，一九九六年中共對台演習的台海危機之後，美國對台軍售轉為積極，並擴大對台灣的軍事關係。[30]對台軍售項目包括AGM-84A魚叉式空對艦飛彈、AH-1W超級眼鏡蛇直升機、OH-58D戰蒐直升機、S-70C反潛直升機、刺針防空飛彈、MK46魚雷、長程雷達預警系統、地獄火II型空對地反裝甲飛彈、E-2T 2000E鷹眼預警機、AIM-120中程空對空飛彈等，以及各式提升國軍電子戰力的軟硬體。[31]美國國防部亦派遣人員來台，協助評估台灣戰力，並提出建議。[32]

到了小布希政府更突破過去軍售框架，同意售台傳統動力潛艦、「紀德級」飛彈驅逐艦和P-3C反潛機、派遣美國參謀首長聯席會議的資深代表來台與總司令以上層級的官員對話，[33]並簽署《外交關係授權法案》，正式轉移台灣四艘美海軍「紀德級」艦。[34]

為了協助台灣整合三軍戰力，建立聯合作戰能量，美國亦加強與台灣軍事合作，多次派遣軍方人員訪問台灣，針對台灣面對中國大陸飛彈威脅等情事提出因應方案。[35] 就美國的立場來說，對台軍售代表美國對台灣的安全保證的落實，[36] 也是一種戰略嚇阻政策作為，維持台灣防衛能力與兩岸軍事平衡。[37]

不過需要提醒的是，美國對台軍售不論其目的為何，最主要還是基於自身的利益。根據周煦的說法，「軍售是外交政策的放大」。[38] 從更宏觀的戰略角度看，提供武器給台灣也隱含著美國為了制衡中共軍力在西太平洋地區日漸興起，所採取的一項預防作為。早在一九四九年，美國軍方就曾向國會提議：「一個適當而有節制的軍事援助方案，由反共的在台中國政府付諸實行，有益於美國的國家安全。」[39]

除了上述的意義，林正義教授提出另類的看法，他認為美國售台武器也在防止台灣「移情別戀」，與其他第三勢力結盟，進而影響美國的利益。[40] 在卡特政府時代，卡特總統和其國家安全顧問布里辛斯基（ZbigniewBrzezinski）就認為繼續提供台灣武器，一方面可以迫使台灣不至於與蘇聯勾搭，另一方面也可以防止台灣打蘇聯牌。[41]

對台灣而言，未來中共意圖犯台，如果美軍能與台灣軍隊聯合行動，形成政治意涵上或實質上所謂的「台美聯軍」，或是恢復與美方「共同軍事防禦」的意涵，這將是台灣安全最大的保障。台灣多年來一直努力促使此目標的達成，從積極對美表態加入「戰區飛彈防禦系統」到努力爭取購買「神盾級」驅逐艦，都可看出這樣的企圖。[42]不過筆者認為在短期內要能達到與美國聯盟作戰的地步，幾乎是一件不可能的任務，筆者的論點主要是基於政治面與軍事面兩者的判斷。

就政治面來說，部分美國政界人士主張，如果要信守對台灣的安全承諾，必須得把台灣軍隊與美軍太平洋總部、五角大廈整合起來，其中包括建立直接通訊系統、兩軍人員交流、提升戰略對話層級等；[43]亦有部分美國軍方官員認為光是軍售硬體裝備並不夠，台灣目前最缺的是軟體，包括：人員訓練、教範準則、軍事交流、聯合演習、情報交換、電腦連線、電子作戰。[44]甚至有人含蓄地表示，將來台美兩軍可以共同訓練演習，互通防禦計畫。[45]在美國國防部二〇〇〇年送交國會的「公元兩千年國防撥款法附加條款」有關美軍執行《台灣關係法》的專案報告中，即首度暗示了台美軍聯的可能性。[46]二〇〇二年美國國會為表達對於加強台灣防衛的重視，在《二〇〇三年度外交關係授權法案》第一二〇六節，要求在軍售與技術移轉方面，將台灣視為「等同於非北大西洋公約組織國家的主要盟邦」，[47]美國與台灣之間似乎朝向「軍事同盟」邁出一大步。[48]

基本上，台灣如與美國「併肩作戰」或「共同行動」，應屬於「聯盟作戰」的型態。美軍《聯合作戰準則》指出，「聯盟」是「兩個或兩個以上的『國家與國家』之間經由特殊協議，取得共同軍事行動」。[49]這正是中共最敏感的一根神經。由過去中共曾藉著對台灣是否加入「戰區飛彈防禦系統」的爭議，再三警告不能讓一九七八年前的台美軍事同盟復活可知，[50]「台美軍事同盟」與「台美軍事共同演習」絕對是解放軍不能忍耐的底線。[51]美國與台灣這樣的軍事合作，在現實層面，存在極高政治的風險。美國國防部前助理部長傅立民就抱持這種看法，傅立民曾對美台之間任何具有聯盟性質的行動強烈地批評，認為這只會激化中共對美國的疑懼，甚至逼使中共先下手為強，以阻止這樣的合作繼續發展下去。[52]

為了避免《二〇〇三年度外交關係授權法案》第一二〇六節被錯誤解讀成美國的「一個中國」及對台軍事交流政策有所改變，小布希總統在簽署該法案時，以「不當的干預了總統推動外交工作的法定職權」為由，拒絕接受「軍售事務上，視台灣等同非北約主要盟邦」。[53]又美國眾議院在二〇〇三年度《國防授權法案》的第一二〇二節「加強台灣防衛能力」條款中，要求美國國防部提出與台灣的「聯合作戰演訓」計畫，[54]但該條款遭美國國防部、國務院與國家安全會議以避免美台的軍事交流被誤認為兩國恢復一九七九年以前的協防關係為由而加以反對，最後通過的版本淡化為總統向國會提出報告研究美台軍事聯合演訓的可行性。[55]上述美國行政部門的作法均足以顯示美國政府對與台灣的關係朝向「軍事同盟」發展有所顧忌，對雙方軍事交流的程度也是有所底線。

就軍事面來說，強化同盟與夥伴關係有其明確的軍事意涵。美軍在平時就必須與戰時作業一樣與盟（友）邦共同訓練與作業，包括加強彼此的作業互通能力及加強聯盟作戰的平時準備，並增加盟邦對諸如聯合（盟）訓練與驗證等活動的參與。[56]筆者認為這正點出了一個長久為台灣所忽略或刻意避而不談的高度敏感嚴肅問題：「台灣軍方與美軍在台海發生狀況時該如何聯軍？」

相關問題有下列幾點：

一、目前美軍與台灣軍方作戰時所使用的通信方式、術語截然不同，縱使裝備具有互通性，但是「雞同鴨講」的現象將無法因應瞬息萬變的戰場訊息，甚至會延誤戰機。而台灣軍官外語使用程度的不足，也將是未來在戰場上美中進一步提升軍事合作的另一項障礙與隱憂。

二、聯盟作戰美軍必須要建立與其他盟（友）邦通聯的能力，這種聯合（盟）作業互通性，意味著部隊必須能立即連接聯合戰場作戰系統（包括指揮、管制、情報、火力支援、後勤支援等項目），以及具備可相通之標準、準則、戰術、技術與程序之彼此相容的系統。[57]然而，自一九七八年美國終止協防台灣迄今，美國與台灣軍方從未實施過任何的戰術性的操演或聯合演習。未來在美國對中共外交政策的考量下，美台之間舉行聯合軍事實地訓練或是海軍演習亦不大可能發生。[58]在這種情況下，一旦台美兩軍貿然聯合，置於同一戰場上，從任務分工、目標分配到防止誤擊或敵友識別等，都是一連串要面臨的重大挑戰。可能在還沒有達到戰力倍增的效果之前，反而因雙方缺乏共同的作戰規定與一致的默契，造成相互牽制、掣肘的現象而抵銷了戰力。

三、一旦台美聯軍，根據筆者的認知，美軍勢必將以美軍聯合作戰與聯盟作戰的思維、編組、方式，要求台灣的軍隊依照聯盟作戰方式與美軍聯戰。然而，台灣軍隊目前尚不具聯合作戰的概念，從部隊編組、作戰型態與方式，與美軍聯合作戰中最重要的精神——「統一指揮」並不相符，[59]屆時如何與美軍聯合？針對這項長久存在卻一直未獲改善的問題，伍爾澤曾特別有感而發地含蓄表示：「個人認為人民解放軍在如何整合它的兵力以符合現代化的戰爭上有較好的掌握。……北京軍方領導人和參謀至少已經掌握到聯合作戰和現代戰爭的要義。」[60]

此外，聯盟作戰必須考量「一致行動」，包括確定參與國共同行動所要達成的政治目的、編組型態、指揮關係的律定及任務分配等。[61]根據美國與北約或美國與韓國等盟國多年以來聯盟行動的實踐，同盟國除了準則、戰術、技術與程序都已經互通，更重要的是雙方之間都已經有完整的聯盟作戰的組織架構，然而上述事項在目前美國與台灣軍與軍的關係中，並不具備這種基礎。要發展這些架構，非經過雙方長期不斷地協調、計畫、兵推、實兵驗證，實難以竟其工。

總結上述，不論是政治層面或軍事層面，台美之間目前及短期間實不存在軍事聯盟的條件。縱使如此，未來中共意圖武嚇或攻打台灣，美國仍然會加強對台的軍事援助。不過，誠如史文對美國軍事支援台灣一事提出「要清楚劃出一條界限——不能有聯合軍事行動與部署，即兩軍之間不能有『互通作業能力』」的警告，[62]基於風險的考量與實質上的限制，有理由相信美國不論是在軍事援助的項目與程度都將有其上限，充其量只限於戰術性的武器裝備上的加強，其餘將難有重大突破。台海雙方差距懸殊的不平衡戰力，因此也不會有太多的改變。

美軍可能介入方式之二：武力展示

美國前國防部長裴利曾指出，冷戰後美國處理衝突威脅的策略是「預防」、「嚇阻」與「打擊」，也就是預防威脅出現、嚇阻已出現的威脅，若預防與嚇阻失敗時，則使用軍事力量以擊敗敵人。[63]在實際運用上可分為三個階段：[64]

第一階段：為兵力展示，以武裝部隊（主要為海軍）對可能發生危機區域進行監控，以影響潛在對手。

第二階段：在危機發生時，以武力威脅進行嚇阻，在敵方未採取行動前阻止其意圖。

第三階段：當危機升高為戰爭時，直接進行軍事行動，使敵方在預估無法承受損失之後，停止進行中的活動以結束危機。

美軍以兵力展示處理一九九六年台海危機，是典型的戰術性質的嚇阻方式。[65] 一九九六年三月九日中共宣布當月十二日至二十日間，解放軍要在台灣海峽進行實彈軍事演習，演習兵力包括四十餘艘軍艦、二百六十架戰機，以及約十五萬名地面部隊。[66] 美國為了防止衝突升高，一方面要讓中共、特別是解放軍知道美國不容許中共以武力處理兩岸問題的明確訊息，又要顧及過度刺激中共可能導致的後果；另一方面要避免台灣誤判美國支持台灣獨立，進而從事更進一步刺激中共的作為，[67] 柯林頓政府決定在台灣東部海域部署獨立號航母戰鬥群，並從波斯灣調派尼米茲號航母戰鬥群於台灣周邊海域巡防，以強硬的方式，慎重、清晰地傳達美國的關切和決心。[68]

由台海衝突最後平和落幕可知，美軍該次的行動算是成功。美國除了落實維護台灣安全的承諾，也對周邊國家如日本、韓國等傳達了維護區域安全的訊息。[69] 未來如果中共企圖以軍事手段恫嚇台灣，美軍循一九九六年處理台海危機的模式，以「兵力展示」的方式介入，可能仍是美國的主要行動選項。

美軍可能介入方式之三：提升亞太地區前沿駐防武力戰備

美國嚇阻中共對台灣的威懾，主要是依賴在亞太地區的前沿駐防武力。藉此一方面可以增強美軍的作戰能力，另一方面中共武力犯台時，也可以爭取更多的反應時間。[70]前沿駐防係指美軍在國外常態部署，輪調駐守以及演習、聯盟訓練或軍事交流性質的暫時性進駐，[71]以達到影響、交往、履行承諾、嚇阻及處理危機等目的。[72]在冷戰之前，美國就以海軍兵力在潛在的衝突地區擔任「前沿駐守」的任務。美國前海軍部長多頓（John H. Dalton）認為前沿駐防具有四項功能：[73]

一、**在危機發生前，預防危機爆發**。藉由前沿駐防表達美國在該地區的利益與承諾，使得區域中的潛在對手投鼠忌器，以制衡其可能的擴張。

二、**嚇阻危機升級**。使可能的對手及盟邦相信，區域中的前沿駐防力量足以擊退並摧毀對手，以此防止危機惡化。

三、**「危機處理」**。若危機無法被預防或嚇阻，藉由早期預先部署的軍事力量，在危機威脅到美國的重大利益前，協助進行危機處理。

四、**結束衝突或是確保和平**。促使衝突暫停或結束後，區域內能迅速恢復和平。

當今「前沿駐防」已經成為美國外交的一部分，[74]擔任前沿駐防的美軍，除了在軍事層面上扮演克敵致勝的工具，在政治層面上也積極扮演著促進與鞏固和平的工作。[75]九一一事件後，美國更強調藉由前沿駐防的迅速攻擊與重擊敵人的軍事能力以及支援設施，向盟、友邦展現美國維護安全的承諾與能力。[76]

針對中共這位美國眼中的「亞洲可能出現的具有可觀資源的軍事競爭對手」的威脅，美國《四年期國防總檢報告》提出了幾項提升前沿駐防武力戰備的建議，包括：延長航空母艦戰鬥群在西太平洋巡防的時間，建議在此地區的港口額外增加三至四艘水面戰鬥艦及可發射巡弋飛彈的核子潛艦。此外，由海軍徵詢盟邦的意見，研議美國陸戰隊在西太平洋地區進行濱海作戰訓練的可能性，並由空軍增加在太平洋等地的基地及加油、補給等設施，並確保沿途有充裕的補給線以支援西太平洋地區與其他地區的作戰行動等。[77]此舉有三點象徵性的意義：[78]

一、代表著美國在亞洲的地位及影響力。

二、象徵美國對亞洲安全的重視與承諾，有助於安定亞洲的情勢。

三、就實際層面，維持駐軍有助於美國在此一區域的快速反應能力，可確保其國家利益不受損害。

未來台海發生軍事衝突時，美軍在亞太前沿駐防的武力勢必在維護台海的穩定上將扮演重要角色。然而，值得注意的是，根據陸伯彬的分析，美國前沿駐防的用意並非用於軍事上協助台灣抵抗中共的進犯，主要目的在降低中共預期動武所帶來的利得，藉此嚇阻中共武力犯台。[79]

【第十章】美國對中共攻占台灣的軍事介入方式

如果中共認為對台不免一戰，中共可能採取一種以優勢武力、快速達成軍事目標的解決方案，避免第三國干預，迫使美國面對「既成事實」，達成其目的。[1]

寇耳教授分析指出，美國如為履行對台灣長期支持的承諾，決定運用軍事手段處理台海問題，這樣的支持行動可能很快地會轉成大型的戰區戰爭；[2]美國學者針對未來中共犯台的想定，亦研判整個衝突可能需要用到三或四個航母戰鬥群，大約相當一個主要戰區戰爭的海空軍兵力，方能因應整個作戰。[3]

由於這極可能導致美國與中共的全面戰爭，到時美國是否會為了信守「竭盡所能，協助台灣防衛」的承諾，而採取「主要戰區戰爭」的戰爭性質的軍事行動，以包括大規模的戰鬥行動、攻擊、防禦、封鎖、奇襲與武力展示等方式，嚇阻並擊敗由中共所發動的足以威脅台灣或亞太區域穩定的大規模犯台行動，值得關注，這是本章探討的重點。

筆者認為美軍在決定以戰爭的型態介入台海軍事衝突之前，除了必須考量兵、戰力的部署與戰術、戰略的運用等問題，從美軍的角度也將審慎思考以下幾項因素：

一、對台軍事行動是否有明確的政治目的與軍事目標？就美軍的能力，該目的是否合理？是否可以達成？

二、一旦涉入台海軍事衝突，美軍縱使贏得勝利，但是否得以順利脫身？

三、最後，也是最重要的問題——美軍此舉可能招致的風險如何？

欲探究上述問題，筆者認為一九九一年美軍介入波斯灣危機的政治目的，對了解未來美國以戰爭的型態介入台海衝突的政治目的、研判美軍以戰爭的型態介入的可能性與可行性，具有啟發性。

波斯灣戰爭美國出兵欲達成的政治目的有四項：伊拉克撤軍；恢復科威特政權；宣示美國對波斯灣地區的安全承諾；保護海外僑民安全。[4]

根據美國長期宣示的「台灣不獨、中共不武」的兩岸政策，筆者認為未來如果中共對台動武力，美軍將會介入，而其軍事行動的目的就在「中共撤軍，維持或恢復台灣現狀」。根據此目的，美軍將以擊退或卻阻中共海空軍、二砲部隊，以及渡海部隊為戰略目標。

本書的重點著重於探討美國出兵原則以及相關的戰略問題對美國軍事介入台海衝突的影響，至於擁有優勢軍力的美軍在介入台海衝突時是否（或如何）獲勝等戰術性或技術性層面的問題，則不在深入分析的討論範圍。先不論美軍如何用兵，單就達成「中共撤軍，維持或恢復台灣現狀」的政治目的而言，美軍必須考量作戰界限是否含括中國大陸本土或僅止於台灣及其周邊地區，以及戰果保持與如何撤出等與終戰有關的問題。

作戰界限

含括中國大陸本土

中共犯台，「積極防禦」應該是台灣最有效的防衛手段。攻擊中國大陸的作戰構想將根本改變以往被動的、以台灣海峽為依托的防禦戰略，戰爭性質也將改以主動出擊與積極打擊為主調。台灣「積極防禦」的思維源自於一九九九年總統大選期間，當時總統候選人之一連戰以副總統的身分，公開宣布應將台灣當時的「防衛固守、有效嚇阻」戰略構想，改為以「遠程地對地飛彈」打擊潛力作為攻擊力量基礎的「積極防禦、有效嚇阻」。[5]事實上，在連戰提出該構想前，當時在野的民主進步黨總統候選人陳水扁在其競選團隊發表的《國防政策白皮書》中即已提出「先制防禦、縱深打擊」的觀念。[6]雖然，台灣官方說法仍強調防衛作戰本「有效嚇阻、防衛固守」的戰略構想，[7]但是從台灣近幾年積極對外尋求具有先制作戰能力的武器裝備，如：F-16戰鬥機、潛艦與「神盾」級飛彈驅逐艦等，似乎已經為未來建立「預防性戰爭」的能量預留了空間。值得注意的是，縱使台灣具有先制打擊的能力，誠如蘭德公司所言，如果台海發生戰爭，是否對中國大陸進行攻擊，將是台灣所要面對的嚴肅難題。[8]

就美國而言，作戰界限之所以含括中國大陸，筆者歸納其原因分為「因應出擊」與「先制攻擊」兩種類型。就「因應出擊」擊而言，包德溫認為如果中共「既成事實」的策略成功，美軍一旦介入就必須摧毀已經達成的軍事成果。這種狀況幾乎可確定美國必須要攻擊解放軍的指揮管制中心、飛彈陣地、防空兵力、空軍基地與海軍設施，如此一來，美國的軍事行動可能演變成牽涉較廣的戰爭。[9]歐漢隆則主張，美國如果以主要戰區戰爭的型態介入，以美軍強勢的軍力，[10]美國可能有機會延伸這些有限目標採取更積極的作為，包括攻擊中國大陸的港口及其他設施。[11]

「先制攻擊」則為「預防性攻擊」的軍事介入的方式之一。中共認為這是美軍最高強度的介入台海衝突模式。[12]事實上，美國在過去十幾年來，一直努力維持第一擊部隊的戰力。[13]未來在台海衝突升高至中共準備動武侵略台灣時，美國是否會為此對中共採取將戰爭帶到敵境的預防性攻擊值得觀察。[14]對此部分中共軍方研判美國不會輕易與共軍直接軍事對抗，但也不能排除這種可能性。根據中共軍方刊物《當代海軍》的分析，

「未來台海衝突時不排除美軍海空兵力直接對共軍對台作戰力量或共軍後方基地及部隊進行軍事打擊」。該文並認為，如果美國以直接軍事對抗介入台海危機，中共與美國將爆發全面戰爭。[15]

只要美國出手，筆者認為就不應該只為了追求局部軍事或戰術上的勝利，譬如：僅摧毀幾處導彈基地、機場或港口，而應從國家利益與國家安全全盤考量長期、整體的戰略態勢，根本性地摧毀敵方指揮、管制和通訊設施，解除中共導彈及空中作戰能力，使中共在中、短期內無法再具有以武力威脅台灣的能力，甚至趁機消除中共洲際彈道飛彈對美國的威脅。然而，要壓制解放軍的長程空防能力，甚至只是對中國軍事目標進行有限攻擊，都是最困難的；加上精確攻擊中國大陸境內軍事目標的危險性，將使整個攻擊計畫變得非常複雜。[16]

不論是那種因素，只要中國大陸遭受美國的攻擊，筆者研判美國將難以避免遭遇以下的風險：

一、**先制攻擊所造成的負面影響**。根據哈斯的分析，預防性攻擊將造成下列的反效果：[17]其一，動武前必須掌握充分的證據與資訊，特別是欲攻擊的目標，但是由於該目標必定也是敵人所極力防護或隱蔽的重點，要獲取相關精確的情報並不容易，增加執行風險。其二，預防性攻擊的成功因素在奇襲與精準，這將造成受攻擊地區的許多無辜人民傷亡。第三，會引起一連串諸如國內民眾、中立國家與盟邦質疑國家政策所引發的政治問題。季辛吉就以美國意圖對伊拉克先制攻擊為例，認為美國在伊拉克一旦開例，不但對美國、對所有的國家，「先發制人」都可能變成通則。[18]第四，無法事前預判敵人受攻擊後會有什麼反應，縱使任務達成，敵人展開的報復行動可能才是真正衝突的開始而非結束。前述一九八一年以色列先制攻擊伊拉克核子反應爐，受到包括美國的國際撻伐，就是採取先發制人行動負面影響的實例。一旦「先發制人」成了國際行為的準則，對手的意圖與潛力，而非實際行動，將會是決定動武的判準，正好給中共趁機攻打台灣的理由。反而使多年來台灣、中國和美國之間「台灣不挑釁，中共不動武」的最起碼默契也將無法維繫。[19]

二、**可能將局部戰爭引爆成美國與中共之間的全面戰爭**。中共視外國軍隊入侵中國大陸為國家最嚴重的威脅，[20]美國可能因而從原先間接協助的第三者轉變成兩強直接對抗的當事人。中共更可藉此挑弄民族意識，激發中國人民的民族主義，引起大部分中國人、甚至華人世界的憤怒與反彈，產生反美、反霸、仇美的心態。把中共變成一個深懷敵意的國家，對美軍與美國人民的安全將是極大的威脅與危害。[21]

三、**攻擊中國大陸等同美國直接對中共這個擁有洲際飛彈與核武等大規模毀滅性武器的區域強權開戰**。伍爾澤指出，中共至少三次對美進行核武威脅。[22]一九九五年十二月中共副總參謀長熊光楷以脅迫的語氣對美國前國防部助理部長傅立民提出警告，台海衝突時中共的洲際飛彈部隊能夠瞄準美國的任何地方，「中共可以不必擔心美國的反應而對台灣採取軍事行動，因為與台灣相較，美國領導人將更關心洛杉磯」。[23]熊光楷這段話被美國視為中共軍方高層動用核子武器的心態。[24]

未來中國大陸如果遭到美軍攻擊，如熊光楷所言，中共極可能給予嚴重報復，遠東地區的美軍軍事基地或設施，首當其衝可能遭受中共大規模毀滅性武器的威脅，[25]美國本土最後亦恐難逃核武的波及。

從上述分析，作戰界限含括中國大陸本土，美國可能將要冒更大損失的風險，顯然不符合美國或是亞太地區的利益。美國是否要擬訂攻擊中國大陸的計畫，假如擬訂這種計畫，在決定目標和打擊程度時應有何種限制，以及中共可能的報復行動，都將是一個令美軍決策與指揮者非常頭痛的問題。[26]

為了防止有意（或意外）攻擊中國大陸所造成的風險，作戰界限僅限制於台灣及其不含括中國大陸的周邊區域，可能是風險較低的作法。美軍可能在作戰計畫中的「交戰準則」上明確禁止任何攻擊中國大陸本土的行動。而以部署在台灣周邊海域的部隊，運用高科技武器的優勢，實施「優勢機動」與「遠距精準接戰」，[27]遏阻進犯的解放軍部隊。

僅止於台灣及其周邊

相對於主動出擊中國大陸目標美軍可以掌握較大的行動自主性，美軍的戰略目標如果僅以出海半渡的中共武裝部隊，或是執行封鎖台灣任務的解放軍海軍為主，其行動反而易受制於中共。以美軍優勢的兵力，或許可以真如美國部分專家所述遏阻中共解放軍海軍部隊作戰，[28]達到制止中共武裝部隊出海的目的，但是筆者認為這將只是一種暫時性的現象，如何長期維持戰果將是美軍面臨的難題。

戰果保持與如何撤出？有關終戰的問題

美軍介入台海衝突，美國海軍面臨最重要的挑戰就是地理的限制。[29]就地緣考量，台海衝突主要作戰區域均為洋面。不同於地面作戰可以據地為營、「因糧於敵」長期駐守；海上作戰交戰的任一方都難以掌握絕對制海，不易長期性的「據海自重」。要想成功地防衛台灣，美國海軍兵力應該部署距台灣越近越好。但是中共可能以潛艦及其他反艦武器反制美國航母戰鬥群，亦可利用在中國大陸陸基飛彈支援作戰，逼使美軍無法接近台海海域，以利中共爭取發動全面進犯台灣的時間。[30]

在美軍雖擁重兵，但是中共卻占地利的情況下，倘若如中共人民解放軍所分析，「一旦採取行動，將認為兩岸關係已經毫無轉圜餘地，唯一途徑就是以武力征服」。[31]縱使美軍可能贏得如蘭德公司報告所認為的幾場戰鬥，但是中共的戰略專家們認為利用非正規戰法，可以削減美軍的戰力。[32]中共可以運用心理戰打擊美軍士氣、威懾美國的盟邦拒絕給予美國支持；同時中共解放軍很可能擴大戰爭面，放緩作戰節奏，利用消耗戰，以拖延和延遲戰略製造美軍傷亡，一方面瓦解美軍作戰意志，另一方面影響美國民眾的心理。[33]屆時美國國內和國際上加諸美國政府要求儘快結束衝突的的壓力，可迫使美國政府迅速撤兵。

另外，由於台灣潛在的脆弱，台灣勢必要依靠美軍的保護傘才得以存活，這將增加美國的負擔，迫使美軍部隊必須承擔大部分的責任，以嚇阻、擊退北京的侵犯，使美國投入戰爭的危險性大增，[34]最後未嘗不會演變成美國與中共雙方在台灣周邊長期對峙與消耗國力的爭戰。在這種情況下，美軍如要維持台海「戰後」穩定的狀態，「保持持續作戰能力」以及「防止中共襲擾攻擊」，將是所要克服的兩大難題。

保持持續作戰能力

要保持持續作戰能力，美軍將得冒「航線安全不易維護」與「增加美軍對盟邦的依賴」等因「戰線過長」所導致的風險，這將是美國的罩門。表二與表三顯示在與中共長期的軍事對峙中，美軍必須依靠極長的後勤補給線支援軍事行動。在中共必將盡一切手段遏阻的情況下，台灣海峽及環繞中國大陸沿岸的海區是高威脅危險區，暴露此區的後勤補給線將極為脆弱危險。為了保護等同於生命線的海上補給線免遭中共破壞，美軍必須沿著這條跨越西太平洋的重要航線長期部署重兵。這除了增加美軍兵力運用的負擔，更添加美軍遭中共襲擊的風險。

中共軍方對一九九六年三月美國竟派遣兩個航母戰鬥群介入台海衝突一事頗為震驚。中共高層開始思考，如果未來台海再發生衝突，美國或許會強烈地反應。[35]解放軍記取當時一籌莫展的教訓，針對美軍介入尋思反制之道。

在軍事理論部分，中共軍事科學院與國防大學出版了許多以波斯灣戰爭為個案的書籍，討論焦點大部分集中在一個關鍵問題——中共應如何對抗美國採行波斯灣戰爭式的攻勢行動。中共的主要軍事報紙《解放軍報》亦刊載許多討論局部戰爭準則，及中共如何針對美軍部隊或美國的軍事盟邦的部隊等「高科技敵人」，來設計其軍事演習型態的文章。[36]

在實際準備方面，中共發展「打隱形飛機、打巡弋飛彈、打武裝直升機，防偵察監視、防電子干擾、防精確打擊」的「新三打三防」戰具戰法，以對抗美國等先進國家藉

表二　美軍環太平洋基地空中航程對照表

機場	距離（浬）	460 節 *	425 節 **	290 節 ***
		時間單位：小時		
首爾—安克拉治	3,303	7.2	7.8	11.4
東京—安克拉治	3,024	6.6	7.1	10.4
東京—洛杉磯	4,802	10.4	11.3	16.6
東京—夏威夷	3,997	8.7	9.4	13.8
關島—夏威夷	3,385	7.4	8	11.7
洛杉磯—紐約	2,160	4.7	5.1	7.4
洛杉磯—安克拉治	2,060	4.5	4.8	7.1
洛杉磯—夏威夷	2,211	4.8	5.2	7.6
迪亞哥加西亞—新加坡	1,938	4.2	4.6	6.7
洛杉磯—巴拿馬運河	2,589	5.6	6.1	8.9
關島—東京	1,357	3	3.2	4.7
首爾—東京	638	1.4	1.5	2.2
首爾—沖繩	370	1.5	1.6	2.3
東京—沖繩	829	1.8	2	2.9
新加坡—沖繩	2,046	4.4	4.8	7.1
沖繩—台北	381	0.8	0.9	1.3
關島—高雄	1,695	3.7	4	5.9

*　轟炸機、長程廣體客機、長程廣體貨機、C-5、C-17。

**　C-141、Ferrying Fighter。

*** 中程運輸機（Intra-Theater）如：C-130（台灣海峽兩岸最近距離約75浬）。

表三　美海軍主要基地至台海航程表

單位：天

基地*	距離（浬）	航母戰鬥群 CVBG 25節	兩棲特遣隊 ARG 18節	偵、獵雷艦 MCMG 8節
聖地牙哥	7,782	13	17	-
諾福克	12,887(S)/9,962(P)**	23(S)/18(P)	25P	-
英格塞	9,699	-	-	52P
橫須賀	1,782	3	4.2	1

* 美國西岸的聖地牙哥、東岸的諾福克與日本橫須賀為美國海軍艦隊停泊的主要港口；位於美國南方的德州英格塞港為海軍偵、獵雷艦的主要母港。

** P：經由巴拿馬運河。S：經由蘇彝士運河。如果航母受限於噸位與裝載無法通過巴拿馬運河，從諾福克基地啓航至遠東地區的航母戰鬥群必須繞經蘇彝士運河，航程與航行時間增加。

空中武力、電戰及資訊戰優勢，打擊其本土戰略縱深。[37]中共解放軍認為美國一向有用航空母艦插手台灣事務的習慣，因此將「打航母」列入演訓的科目。[38]中共並利用「現代」級驅逐艦提升其制海作戰能力。

美國前參院外交委會共和黨首席顧問崔普勒（William C. Triplett II）在著作《赤龍崛起》中，曾提出令美國國防部不敢忽視的論點：美國一旦介入台海戰爭，中共將用配備強大核子與常規武器的「現代」級驅逐艦，對付美國航空母艦和「神盾」級驅逐艦。[39]中共採購的蘇愷三十MKK戰機，也特別注重其所搭載的Kh-31型空對艦導彈。如果中共能將這種當年被設計用來突擊美國艦隊的空射超音速反艦飛彈，與「現代」級驅逐艦的「日炙」超音速反艦巡弋飛彈以及常規潛艦的魚雷、反艦飛彈匯集成零時差、零誤差的三度空間打擊力，美海軍潛艦及水面作戰艦艇在這種情況下，要執行長期又大規模的作戰並不樂觀。

美軍支援台海作戰的海上交通線，不論從歐洲或美國本土，就算是最近的日、韓、菲或關島，也都比中共從中國大陸到台灣的最近的七十五浬距離要長。面臨這種地緣劣勢，美國的因應措施取決於太平洋的盟國反應而定，其中最重要的是日本的反應。[40]

在亞太地區，美國除了如卡利薩所建議應當擴展與菲律賓的關係，以便台海有事時，美國空軍能利用距台灣只有四百五十浬的呂宋島北部的基地，甚至距離只有三百浬近的巴丹島支援台灣，[41]最主要還是鼓勵日本積極參與區域安全防務，在亞太安全的維護上扮演更重要的角色。

為了在台海衝突中協助台灣，美國空軍要投射兵力至含括台灣海峽、中國大陸東海等地區作戰，基地將會是美國空軍所面臨到的重要問題。如圖四所示，如果從台灣海峽中心附近畫一個五百浬半徑的圓，其所涵蓋的大部分區域都是大海，而陸地只有一小部分。由於在韓國的基地距離台灣海峽有八百浬，而位於日本北部的三澤基地則超過一千四百浬，關島更遠超過一千五百浬，從這些基地起飛的戰機，除非有空中加油裝備及多餘的機組人員，否則出勤率將會大幅降低。[42]由圖觀之，美國空軍屆時可以駐紮的最佳基地只有台灣和日本而已。

圖四　距離台灣五百浬以內可供美軍使用的空軍基地

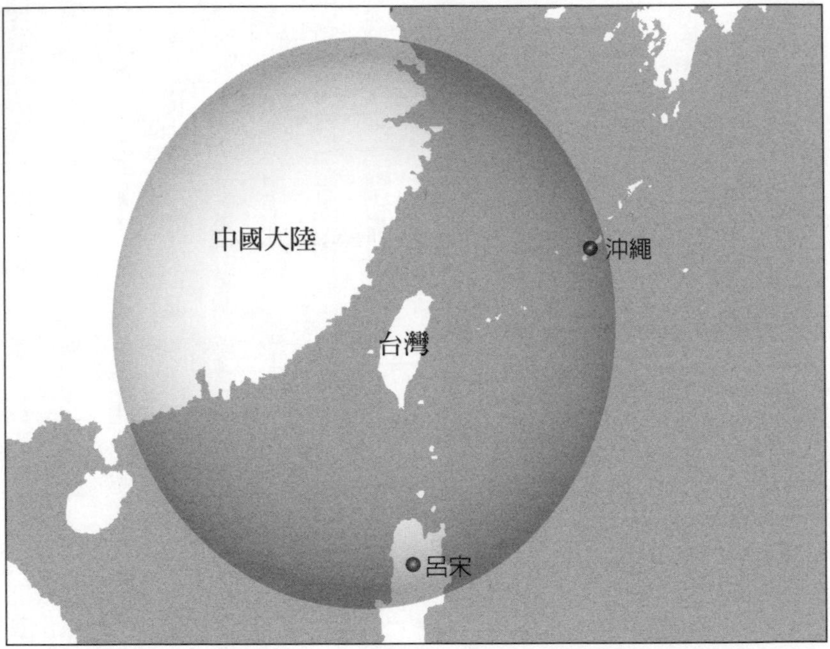

附註：圓圈的半徑是五百浬，由於地表曲度，該圈看起來為橢圓。五百浬是美國戰鬥機F-15、F-16、F-22及聯合打擊機（JSF）在無燃料補充下的作戰半徑。該數據為一般性的概念。

資料來源：Zalmay Khalilzad, David Orletsky, Jonathan Pollack, 2001, "Implications for the Military and USAF: The Challenges of Change, " in *The United States and Asia: Toward a New U.S. Strategy and Force Posture*, Santa Monica, CA: Rand, p. 68.

美軍如果以台灣為基地，將遭到嚴重的政治與軍事上的問題。對中共而言，任何外國武力部署在台灣，都是中共無法容忍的。只要美國空軍進駐台灣，都可能把一個小危機轉變成全面衝突。因此就政治面看，美軍使用台灣的基地，是一個爆炸性與不切實際的作法。[43]

從軍事角度，進駐台灣也是問題重重。美軍為了要排除政治上的負面作用，任何的部署都可能必須等到實質的軍事衝突開始之後。這意味著當美軍使用台灣機場時，這些機場設施可能都已經遭受中共導彈與飛機或是特攻作戰部隊的轟炸破壞。縱使美軍飛機得以使用機場，但是這些飛機必將成為中共下一波攻擊的目標。此外，根據卡利薩的分析，台灣的空軍基地防護設施不論是可用性或持久性都受到相當大的限制，在遭遇中共數量眾多的短程彈道飛彈攻擊時將更顯脆弱。[44]

上述的分析凸顯美國海軍為何如此重視海外前進基地與前沿駐防的原因，也更加凸顯日本基地對美國應付台海衝突與朝鮮半島危機的重要性。除了位於日本本土的主要海空軍基地，圖五顯示在琉球群島以南可供美軍使用的機場位置，表四則說明這些機場的特性（美軍將機場分為「迷你型」、「小型」、「大型」以及「支援型」四種類型，其支援作戰的能力各有不同）。未來在支援美國軍事行動上，這些基地都具有一定的影響力。例如，下地島距台北不到二百五十浬，島上有一條一萬呎長跑道的民用機場，也有

圖五　琉球群島以南可供美軍使用的機場位置

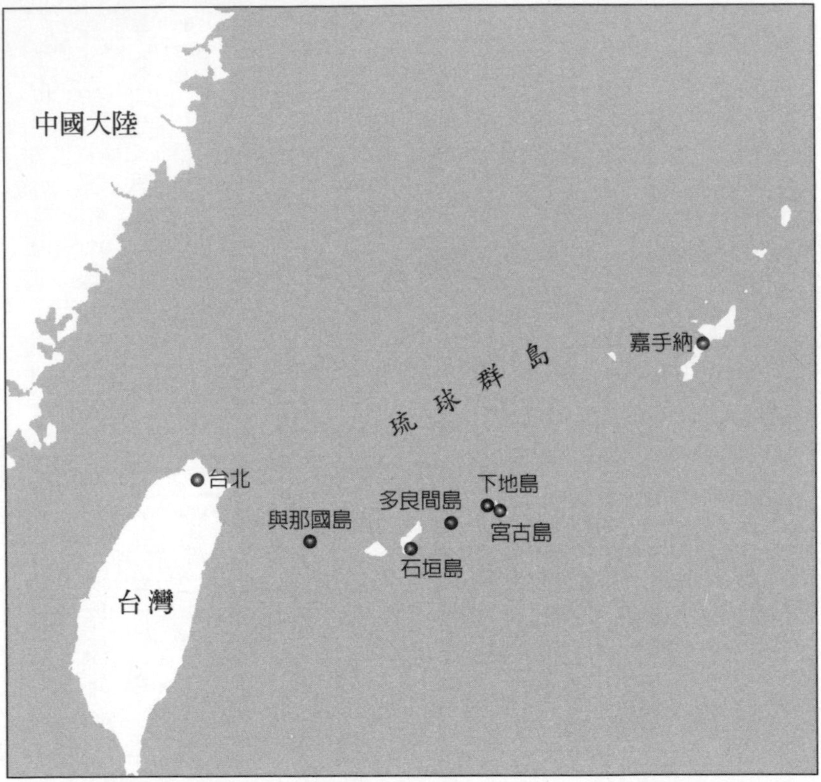

資料來源：Zalmay Khalilzad, David Orletsky, and Jonathan Pollack, 2001, *The United States and Asia: Toward a New U.S. Strategy and Force Posture*, Santa Monica, CA: Rand, p. 74.

表四　琉球群島南方機場之特性

機場特性	機場大小（呎）		機場與下列地點距離（浬）	
	長度	寬度	台北	海峽中線
與那國島	4,921	148	150	250
石垣島	4,921	148	180	280
多良間島	2,635	82	210	310
下地島	9,843	197	240	340
宮古島	9,843	197	240	340

資料來源：Zalmay Khalilzad, David Orletsky, and Jonathan Pollack, 2001, *The United States and Asia: Toward a New U.S. Strategy and Force Posture*, Santa Monica, CA: Rand, p. 74.

一個可供日本巡邏艇使用的港口。至於位在其南方的島嶼，只要構建必要的設施，未來對美軍介入台海衝突的行動也大有助益。[45]

根據一九九七年《美日安保新防衛指南》，日本在「周邊」有事時應提供美國必要支援。[46]小布希政府上任後，美國副國務卿阿米塔吉更極力鼓吹，美日應該建立如美英般的同盟關係。日本首相小泉二〇〇一年六月應邀至大衛營與小布希總統舉行峰會，會後發表聲明表示「兩國將構建一種有利於雙邊、區域、全球經貿事務的合作及參與的新架構，並建立新的安保對話機制」。[47]在美國遭受恐怖攻擊之後，日本順勢相繼通過《恐怖對策特別措施法案》、《自衛隊修正法案》以及《海上保安廳法修正案》等三項擴大海外派兵和武器使用的法案。根據《恐怖對策特別措施法案》，日本得派自衛隊在戰時至海外執行任務，具體的行動將包括對美軍提供燃油及食物等補給、運輸、搜救、人道救援、偵察以及醫療支援等。[48]此外，日本亦通過「有事法制」法案，授權日本政府面臨或預測將遭外來武力攻擊時，得出動自衛隊防衛，並為未來台海有事時，日本支援美國預留彈性空間。[49]

台海一旦出現緊張情勢，美國依其海外出兵的原則，對國際社會、特別是台灣周邊國家有意願及能力共同參與美軍的行動，必然有所期望。[50]但是，各國基於自身利益與國家安全等現實主義「利己」的考量，未來是否插手，筆者持保留的態度。根據林正義教授的觀點，國際社會對美國處理一九九六年台海危機的方式大都給予支持，因為除了美國之外，其他的美國友邦幾乎都無能力在台海地區扮演關鍵性的角色。[51]不過，令人憂心的是，中共長期的外交封鎖，全世界只有少數的幾個國家在外交上承認台灣的存在，早已經使台灣陷入戰略孤立的地位。[52]中共也可能在對台動武時要求其他國家不得干預中國內政，如此就可隨心所欲解決台灣問題。另由於中共擁有龐大的傳統武力與核能力，懾於中共的報復，日本、南韓與東南亞國協等與中國大陸為鄰的國家，其態度與動向將更充滿不確定性，這些都將增加美軍介入的風險與複雜性。

雖然美國部分人士仍認為台海發生衝突時，亞太區域內一些國家理所當然會站在台美這一方，但寇耳教授認為事實並不保證一定如此。[53]寇耳提醒到時美國可能發現自己竟處於一個超乎自己所預期的不穩固聯盟關係。某些國家可能為了自身的戰略目的，寧願做中共的「隨扈」，而與侵略者合作；另外一些國家則可能選擇保持中立，以避免押錯寶，得罪未來占優勢的一方。[54]

日本前首相細川戶熙就曾表示，不久的未來，美國部隊在日本土地上將不再受到歡迎。[55]東南亞國協對於兩岸之間的紛爭，亦普遍表現不願介入的態度。一九九六年台海危機時，東南亞國協各國均保持沉默，就讓柯林頓政府相當感到意外。[56]二〇〇〇年台灣總統大選前，東協各國對中共對台灣的厲聲威嚇也視而不見，[57]新加坡資政李光耀當時甚至表示台灣應該避免挑釁中共。[58]美國前副國務卿阿米塔吉在澳洲喊話，表示「台海如戰爭澳洲有義務出兵」，[59]卻立刻遭到澳洲前總理佛瑞塞的批評，認為台海爆發衝突與澳洲無關，並呼籲澳洲政府要審慎應對美國的要求。[60]

美國研判如果台海衝突是中共主動侵略，而非因台灣挑釁（如宣布獨立）而起，日本則可能讓美國使用基地來協防台灣。不過，根據美國國防大學國家戰爭學院柯爾（Bernard D. Cole）教授的研判，如果台海有事，日本或許僅會提供美軍後勤與基地支援，[61]日本也可能同意美軍使用其基地，執行攻擊國際空域或台灣上空的共軍的任務，但是並不會同意美軍從其本土發射武器攻擊中國大陸。[62]日本政府仍可能如一九九六年台海危機時，日本防衛廳制訂「X國對應方案」，釐定協助美軍海上加油、補強雷達功能及收容美軍傷患等各種應變計畫一樣，[63]以有限度的行動，協助美國協防台灣。

上述的國際反應證實了筆者的疑慮。以目前亞太國家之中沒有一個與台灣有邦交，屆時這些國家是否願意為了台灣與中共為敵而站在美國這一方，實在難以預料。萬一美軍介入衝突的行動「淪為」必須長期駐留台海，在未獲得地區國家足夠的戰略與後勤支撐的情況，美軍是否能夠維持其作戰能力將是個極為嚴重的問題，這將成為美軍一個巨大又無可逆料的風險。[64]

防止中共襲擾攻擊

縱使戰力有所折損，就長期而言，中共深信可採取長期的游擊戰來拖垮侵略者。[65]為了使其武力犯台模式更具攻擊性與多樣化，近年來中共不斷積極開發資訊、不對稱等武器、戰法，[66]主要目的就是配合地利，以不計代價增加美軍人員傷亡為重點，對美軍部隊以正規與非正規作戰等方式，運用不對稱戰法，實施游擊式襲擾。白邦瑞指出在美國以中共為對手的兵棋推演中，發現美國雖然有全世界最強大的軍備，但是囿於傳統思維，美軍面對無所不用其極的解放軍作戰，卻往往落敗。[67]美國前國防部長麥納瑪拉（Robert McNamara）在《越戰回憶錄》中，坦承美國政府在越戰中所犯重大的錯誤之一是「面對傳統的、人民熱血參與的戰爭，美國一直沒有認清，即使擁有高科技裝備的軍隊，仍有其侷限」。[68]美國《國防新聞》週刊指出，美國海軍戰爭學院曾就中共部隊與美國海軍在太平洋發生衝突的狀況進行兵棋推演，結果是中共部隊擊敗了美國部隊。[69]對此問題主管美國國防部威脅評估的馬歇爾（Andrew W. Marshall）亦表達同樣的憂心，他研判未來中共實施「不對稱戰爭」，美國弱點將暴露無遺。[70]

雖然中共必然會以美軍部隊為主要的作戰目標，但是中共襲擾攻擊的對象將不會只侷限在台海戰場上的美軍。中共可能採取的行動，在解放軍軍官忝良與王湘穗著作《超限戰》中所強調「在戰爭之外的戰爭中打贏戰爭，在戰場之外的戰場上奪取勝利」的超限作戰思維，[71]特別值得美軍重視。

理論上，戰爭中如果雙方獲勝機會均等，經濟和科技就是決定勝負的關鍵，然而，受到戰場的「外部因素」的牽制，軍事裝備和經濟生產力的絕對優勢未必就能夠轉變為軍事效率。[72]根據甘迺迪的分析，越戰時從經濟面看，美國的生產力可能是北越的五十至一百倍；從軍事面看，美國擁有的火力，用鷹派分子的說法，幾乎可以把北越炸回到石器時代。然而由於政治問題，即手段與目的之間的脫節，使得美國社會被這場戰爭所引發的種種矛盾所困擾，戰場士兵士氣低落，終於導致了美軍的挫敗。[73]未來台海衝突，美國如何避免類似越戰的歷史重演，防止中共在戰場之外的戰場上襲擾取勝，同樣將是美軍軍事介入時應該要審慎應對的。

美國可能以「恢復台灣現狀」為軍事目的

基於《台灣關係法》美國對台灣的安全承諾，以及美國具有介入台海軍事衝突的意圖，未來台海有事美國理應不會坐視。另就國力而言，美國亦有能力介入。但是，從美軍的角度，介入台海軍事衝突，美軍除了必須考量兵、戰力的部署等戰術與戰略層面的問題之外，更應該思考以下幾項因素：包括，對台軍事行動是否有明確的政治目的與軍事目標？就美軍的能力，該目的是否合理？是否可以達成？其次，一旦涉入台海軍事衝突，縱使贏得勝利，美軍是否得以順利脫身？最後，也是最重要的問題，美國擔心與中共交戰時的傷亡等不確定的風險，將使戰爭產生難以預期的負面影響。美國前國防部長倫斯斐在討論對伊拉克用兵的問題時一再強調，美軍將以「迅速結束戰爭」為行動目標，[74]所凸顯的正是美國對軍事行動風險的重視。

未來美軍以軍事手段介入台海衝突，筆者認為美國可能以「恢復台灣現狀」作為軍事行動的目的。雖然該目的可謂明確，但是如果美國直接派兵參戰介入兩岸紛爭，中共不會善甘罷休。中共以地緣之利，配合現代武器的運用，及實施不對稱戰法，可能迫使美軍必須面對一場難操勝券、耗損龐大軍力的風險。根據筆者的推論，屆時美國陷入難以迅速脫身的困境的可能性極高，增加了美國軍事介入的複雜性與困難度。美國在韓戰與越戰缺乏清楚的撤兵策略，使得軍事行動灰頭土臉的殷鑑，美軍至今仍深以為戒。[75]為了避免重蹈覆轍，美軍在接受任務之前，應該會審慎地思考出兵台海的問題；而不斷強調「協助台灣防衛」的美國政治領袖，也會以避免與中共解放軍直接發生軍事衝突以減低行動風險，為決策時的首要考量。

值得一提的是，由於目前承平時期美國不願過度刺激中共，因此美軍與台灣軍方並無任何軍事上的協同演練。未來台海發生軍事衝突，顧慮中共反應的因素雖然已經不存在，但是由於美台雙方並無共同軍事行動的默契，筆者認為未來「台美聯軍」的可能性幾乎不存在。如情勢所迫，美國必須出兵介入，美軍仍將以單獨行動為主。

最後，筆者認為還是要回歸到美國國家利益來思考美國軍事介入的問題。由於台海的情勢極為複雜，中共在政治、軍事、經濟上又具有相當的影響力，美國過度涉入兩岸的軍事衝突，未必有利於美國的利益。例如，九六年台海危機，曾有美國學者建議美國國防部派員赴台灣做聯絡協調，史文對此頗不以為然；史文認為如果由美國來替台灣設計一套防衛計畫，是非常危險的，「一旦你開始了，就很難下馬」。[76]

美國為了避免過度介入，以及順利撤出，筆者研判，台海戰雲密布時，美軍直接派兵參戰的可能性並不高，最可能採取以嚇阻為主的較小規模的應變行動，如軍力展示、提供軍事援助等以為因應。當然，如果情況真的危急，美國還是會出兵，只是出兵的目的可能是為了保護美國及其友邦在台僑民的安全，執行「非戰鬥人員撤離行動」的撤僑以及人道援助任務。[77]由哈斯的定義，這種屬於「非戰爭的軍事行動」的撤僑行動，也是屬於軍事介入的範疇。只是美國這種軍事介入的方式，保單兌現的對象是美國公民不是台灣人民，可能與台灣所引以為盼的「協助台灣防衛」會有很大的落差。

尋找美中台的最大公約數

總結本書的研究，筆者研判未來台海發生軍事衝突，美國在台海以較小緊急應變行動，採取非戰爭的軍事行動，諸如武力展示、確保海上航行自由、監視兩岸軍事行動、提供台灣必要的即時情資，將可預期，至於直接與中共進行一場戰爭的可能性並不高。綜合本書的分析，筆者以表五矩陣圖表，對未來美國軍事介入台海軍事衝突的可能性做一綜合性的整理。

此表解答了引發筆者研究動機的疑問。也就是如果一味期盼美國未來在台海衝突時能「做什麼」，台灣的安全其實是缺乏保障的。史丹福大學胡佛研究所的中國問題專家戴蒙（Larry Diamond）認為「台灣政府與人民似乎並未認真思考，如台海發生軍事衝

表五 美國軍事介入台海軍事衝突的可能性

中共可能動武方式 ＼ 美國軍事介入的可能性	威懾台灣				攻占台灣
	軍事演習	封鎖	導彈射擊	襲擾外島	
加強軍援	▬	■	■	■	■
武力展示	■	■	▬	▬	–
提升前沿駐防戰備	▬	■	■	■	■
直接參戰	–	–	–	–	–

可能性程度： ■ ■ ▬ ▬ –
極可能．可能．幾無可能

突，台灣必須要承受的嚴重後果」。戴蒙並指出，「縱使美國介入並贏得壓倒性的勝利，但台灣可能已遭到嚴重破壞，各種建設毀於一旦，元氣大傷，需要很長的時間才能恢復」。另根據行政院通過的《全民防衛動員準備綱領》，為了因應中共武力犯台的戰爭準備，台灣必須先要籌措三．五兆元經費。也就是在還不包括兩岸戰爭可能造成台灣人民生命財產的損失，光是為了開戰一事，台灣的每一位國民就必須先負擔約十五萬元的「預備金」。就此，台灣是否應該轉而正視戴蒙的警示，進而積極且認真地思考如何讓中共「不做什麼」或「不能做什麼」。

識者有論，台灣要保障國家安全，應該以「風險理論」的觀念，儘可能地將自身的利益與美國、甚至全球利益結合，形成相互依存關係，使得彼此都成了「風險社會」的一員，[78]讓台灣現狀遭受威脅時，因為國際社會秩序的穩定性被波及，而成為美國甚或國際無法承受的痛，進而在台海發生軍事衝突時採取更積極的作為。這種想法雖然頗具開創性，但是在現實層面有其限制：

一、根據筆者在「美國在兩岸的利益」的研究發現，事實上，台灣在這方面可以主動運用的籌碼並不多。例如，雖然台灣一直積極推動與美國簽訂自由貿易協定，希望藉由加強與美國的經貿連結，使雙方形成互賴關係，讓美國願意「做什麼」，進而獲得國家安全的保障。不過就美國的立場，簽訂自由貿易協定美方所獲得的效益極為有限，因此未將該案排在優先處理的順位。[79]

二、這種作法基本上仍是基於依賴他人做什麼的思維，仍屬消極被動。戴高樂曾言[80]，「永遠不要把國家的命運交給別人」，值得警惕深思。筆者認為台灣是有機會以更積極的態度採取主動作為。

延伸「風險理論」的觀念，筆者認為台灣不僅應該要與美國的利益結合，更應該將台灣的利益與中國大陸的利益「綁」在一起，讓美、台、中三方形成「風險社會」的共同體。誠如美國前在台協會台北辦事處長包道格所言，為了使兩岸問題和平解決，海峽兩岸及整個亞太地區應該找到共通、互利的立場來溝通。[81]在此，諾貝爾經濟學獎得主、「賽局理論」創造人納許（John F. Nash）提出的「納許均衡」理論值得參考。根據該理論，突破零和思維所導致的困境的方式在於，「只要每個人都根據其他人的最佳策略，來決定自己的最佳回應方式，問題就迎刃而解」。[82]

事實上，從本書的分析發現，讓美國「做」什麼，與讓中共「不做」什麼，兩者之間並非完全排斥、毫無關聯。

就美國而言，台海維持現狀最符合美國的利益。[83]美國一再強調「中共不武、台灣不獨」；就此包道格曾提醒，如果海峽兩岸的任一方採取「片面改變現狀」，結果將是「損失難以估計」。[84]為了維護利益，美國更是明確聲明，如果中共以武力威懾台灣就範，美國絕不坐視；不過美國也「不支持」台獨，[85]如果事端因台灣挑釁而起，美國則不予介入。

就中共而言，根據中國大陸學者時殷弘的分析，[86]中共如果因為台灣問題被迫與美國開戰，其結果可能不僅是海、空軍力的損失，中國大陸經濟現代化的努力將倒退數十年。陸伯彬則認為，中共與美國軍事對峙極可能造成長期冷戰對峙環境，將迫使中共施行戰時經濟政策。此政策需要對資源重新分配，中共必須從民間公共建設轉移到大規模軍事硬體設施的獲得上，並使中共喪失進入國際市場的機會。經濟混亂的結果，將拖延中共成為強權地位的時間至二十一世紀的後半期。[87]以目前中共全力搞經濟的大方向，更需要穩定的外在環境配合，台海維持穩定的現狀不僅符合其利益，也影響到中共內部的安全。

就台灣而言，維持現狀仍是台灣當今的主流民意，因此「不統不獨的台灣現狀」除了是避免台灣內部陷入分裂的「新中間路線」，也是創造美中台三方各自利益的最大公約數的最佳選項。

就利益的角度，美國、台灣與中共之間存在著可同時滿足三方的公約數——「不統不獨的台灣現狀」，以及「不以武力相向的中共對台政策」。換句話說，只要台灣停止統獨議題的爭論，維持目前的政治狀態；中共降低對台敵意，尋求和平、對等方式解決台灣問題，正符合納許所言的，「根據其他人的最佳策略，來決定自己的最佳回應方式」。如此，不僅可以維持台海的穩定，也將台灣的安全與美國及中共的利益互綁在一起。一旦台海有事，美國為了自身利益，至少在「意圖」上會有更強烈的「做些什麼」的動機。而從另一個角度，台灣不製造統獨爭論，也可以減少挑動中共敏感神經的機會，維持台海穩定，增加讓中共「不做什麼」的動機。

註釋

前言

1 Andrew Scobell, *Show of Force: The PLA and 1995-1996 Taiwan Strait Crisis*(Stanford, CA: Institute for International Studies (IIS), Stanford University, January 1999), pp. 9-10.

2 「光榮」、「驕傲」、「保國衛民」、「爲國效忠」等字眼是出海前夕，筆者用以激勵全艦官兵士氣的用語。

3 當時美國擔心嚇阻的力道不夠無法遏制中共採取更進一步的武嚇，除了派遣以日本爲基地的「獨立」號航空母艦，更徵調正在波斯灣執行禁航任務的「尼米茲」號航空母艦，以展現美國介入的決心。

4 Frederic S. Pearson and J. Martin Rochester, 1988, *International Relations—The Global Condition in the Late Twentieth Century,* New York: Random House, p. 240.

5 Richard N. Haass, 1999, *Intervention: The Use of American Military Force in the Post-Cold War World*, rev. ed., Washington DC: The Brookings Institution, p. 1.

6 U.S. Department of Defense, 2001, *Department of Defense Dictionary of Military and Associated Terms,* Joint Pub 1-02, Washington DC: Government Printing Office, p. 94.

7 C. R. Mitchell, 1981, *The Structure of International Conflict*, New York: St. Martin's Press , p. 122.

8 Ibid., pp. 122-123.

9 Ibid.

10 Pearson and Rochester, 1988,*International Relations*, p. 109.

11 Ibid., p. 110.

12 經濟制裁若要發揮效用通常必須滿足兩個條件：一是被制裁國高度地依賴制裁國；二是被制裁國家政府無法獲得國內民眾

的大力支持。而被制裁國家都能從其他貿易夥伴獲得所需要的資源，則為制裁失敗的主因。Ibid., pp. 245-246.

13 卡特（Ashton B. Carter）、裴利（William J. Perry）著，許綬南譯，二〇〇〇，《預防性防禦：後冷戰時代美國的新安全觀念》（*Preventive Defense: A New Security Strategy for America*），台北：麥田出版社，頁一四四。

14 林正義，二〇〇一，〈美國出兵台灣海峽及其限制〉，收錄於裘兆琳編《後冷戰時期美國海外出兵案例研究》，台北：中央研究院歐美研究所，頁二五七。

15 林正義，〈美國出兵台灣海峽及其限制〉，頁二七〇。

16 陳毓鈞，〈台海危機與美國干預〉，頁四～二三。

17 翁明賢編，一九九八，《未來台海衝突中的美國》，台北：麥田出版社，頁二四～二五。

18 同上註，頁六三。

19 國防部，《中華民國八十九年國防報告書》，頁五七；U.S. Department of Defense, *The Security Situation in the Taiwan Strait*, Department of Defense, 1999, Report to Congress Pursuant to the FY99 Appropriations Bill; "U.S. Concern over China Missile Build-Up," *CNN News*, April 18, 2002.

20 U.S. Department of Defense, 2002, *Annual Report on the Military Power of the People's Republic of China*, Department of Defense, Report to Congress Pursuant to the FY2000 National Defense Authorization Act, p. 11.

21 張中勇，一九九九，〈中共軍事事務革命與台海安全〉，《戰略與國際研究》，一卷三期，頁一四四。

22 David A. Shlapak, David T. Orletsky, and Barry A. Wilson, *Dire Strait? Military Aspects of the China-Taiwan Confrontation and Options for U.S. Policy*, Santa Monica, CA: Rand.

23 Zalmay Khalilzad et al., 2001, *The United States and Asia: Toward a New U.S. Strategy and Force Posture*, Santa Monica, CA: Rand, p. xvi.

24 陸伯彬（ Robert Ross），〈美國針對中共武力犯台之前進部署與嚇阻〉（*U.S. Forward Presence and Deterrence of Chinese Use of Force against Taiwan*），亞太情勢發展學術研討會，淡江大學美 國研究所主辦，二〇〇二年十一月二十四日，頁s4-1-c-9。

25 國防部，二〇〇二，《中華民國九十一年國防報告書》，頁四〇。

26 白邦瑞（Michael Pillsbury）著，高一中譯，二〇〇一，《中共對未來安全環境的辯論》（*China Debates the Future Security Environment*），台北：國防部史政編譯局，頁三三〇、三三一。

27 《中國時報》，一九九九年十二月二十六日。

第一章

1 Donald E. Nuechterlein, 1979, "The Concept of 'National Interest': A Time for New Approaches," *Orbis* 23, No. 1: 75.

2 James N. Rosenau, 1971, *The Scientific Study of Foreign Policy*, New York: Free Press, p. 283.

3 Hans Morgenthau, 1952, "Another Great Debate: The National Interest of the United States," *American Political Science Review* 46: 961-988.

4 Donald E. Nuechterlein, 1973, *United States National Interest in a Changing World*, Lexington, Kentucky: The University Press of Kentucky, pp. 7-8.

5 Ibid., p. 8.

6 紐契特倫對這四種利益的詳細解釋，請見：Donald E. Nuechterlein, 1997, "America Recommitted: United States National Interests in a Restructured World," in *Strategy and Force Planning*, Newport, RI: Naval War College Press, pp. 98-100.

7 為了解釋該兩者的差別，紐契特倫以一位被槍對著頭的人以及另一位被鈍器脅迫的人作類比，雖然兩者都可能因傷而死，但是前者生存的機率遠低於後者。請見：Nuechterlein, 1997, "United States National Interest in a Changing World"

8 Richmond M. Llyod, 1997, "Strategy and Force Planning Framework," in *Strategy and Force Planning*, Newport, RI: Naval War College Press, p. 5.

9 鈕先鍾，一九七七，《大戰略漫談》，台北：華欣出版社，頁四五～四六。

10 李際均，一九七七，《軍事戰略思維》，北京：軍事科學出版社，頁一四七～一五一。

11 Pearson and Rochester, *International Relations*, p. 149.

12 Rosenau, *The Scientific Study of Foreign Policy*, p. 248.

13 Klaus E. Knorr, 1975, *The Power of Nations: The Political Economy of International Relations*, New York: Basic Books, p. 30.

14 Nuechterlein, "America Recommitted: United States National Interests in a Restructured World," pp. 93-94.

15 John M. Collins, 1974, *Grand Strategy*, Annapolis: Naval Institute Press, pp. 1-3.

16 Christopher E. Hornbarger and David W. Kearn, Jr., ed., 2000, "Final Report- National Strategies and Capabilities for a Changing World," paper presented at the IFPA-Fletcher Conference 2000, The United States Army and the Fletcher School of Law and Diplomacy, Tufts University. Arlington, VA., p. 15.

17 Michael N. Schmitt, 1997, "Identifying National Objectives and Developing Strategy: A Process Oriented Approach," *Strategic Review* XXVI, no.1: 6.

18 Ronald Reagan, 1987, *National Security Strategy of the United States*, Washington DC: The White House, pp.1-5; Bill Clinton, *A National Security Strategy for a New Century*, Washington DC: The White House, pp. 1-7.

19 Clinton, *A National Security Strategy for a New Century*, pp. 1-2.

20 裘兆琳，二〇〇一，〈美國出兵索馬利亞之決策分析〉，收錄於《後冷戰時期美國海外出兵案例研究》，台北：中央研究院歐美研究所，頁一八六。

21 Graham T. Allison and Robert Blackwill, 2000, *America's National Interests,* Washington DC: The Commission on America' s National Interests, pp. 5-8.

22 Michèle A. Flournoy, 2001, "Introduction: Twelve Strategy Decisions," in Michele A. Flournoy ed. *QDR 2001 Strategy–Driven Choices for America's Security*, Washington DC: National Defense University Press, p. 10.

23 Donald H. Rumsfeld, 2002, *Annual Report to the President and the Congress*, Washington DC: Department of Defense, pp. 9-10.

第1章

1 Haass, *Intervention*, pp. 19-20.

2 Ibid., p. 20.

3 Bruce W. Jentleson, Ariel E. Levite and Larry Berman, ed., 1992, *Foreign Military Intervention: The Dynamics of Protracted Conflict*, New York: Columbia University Press, pp. 5-7.

4 *Department of Defense Dictionary of Military and Associated Terms*, p. 280.

5 Haass, *Intervention*, p. 50.

6 Alexander L. George and Richard Smoke, 1974, *Deterrence in American Foreign Policy: Theory and Policy*, New York: Columbia University Press, p. 11.

7 Haass, *Intervention*, p. 50.

8 Ibid., p. 51.

9 Organski, *World Politics*, pp. 346-349.

10 "Striking First, "*New York Times*, June 23, 2002, p. 14.

11 Bush, *The National Security Strategy of the United States of America*, p. 6.

12 Haass, *Intervention*, p. 53.

13 Robert J. Art, 1993, "The Four Functions of Force," in Robert J. Art and Kenneth N. Waltz ed. *The Use of Force: Military Power and Internationally Politics*, Lanham: University Press of America, p.6.

14 Ibid.

15 Haass, *Intervention*, p. 53.

16 James Cable, 1971, *Gunboat Diplomacy*, London: Chatto & Windus, p. 21.

17 Haass, *Intervention*, p. 56.

18 "US Seeks Ways to Try Saddam for War Crimes," *Times* (United Kingdom), July 11, 2002; "Iraq: The Case for Invasion,"

Washington Post, Oct. 22, 2002.

19 趙國材，二〇〇一，〈論美國出兵海外之法律依據與實踐〉，收錄於裘兆琳編《後冷戰時期美國海外出兵案例研究》，台北：中央研究院歐美研究所，頁三五。

20 Haass, *Intervention*, p. 57.

21 有關維和行動的的類型、原則、性質與法律規範的詳細分析，請見：周煦，一九九三，《聯合國與國際政治》，台北：黎明文化，頁二六一～二七三；趙國材，〈論美國出兵海外之法律依據與實踐〉，頁三五～四一。

22 周煦，二〇〇〇，〈聯合國集體安全與維持和平之演變〉，《淡江人文社會學刊》五十週年校慶特刊，頁一七四。

23 李登科、鄧中堅等編，《國際政治》，頁二八八。

24 Haass, *Intervention*, p. 57.

25 Ibid.

26 Ibid., p. 58.

27 U.S. Joint Chiefs of Staff, 1995, *Doctrine for Joint Operations*, Joint Pub 3-0, Washington DC: U.S. Government Printing Office, p. I-2.

28 Bush, *The National Security Strategy of the United States of America*, p. 29.

29 U.S. Department of Defense, *Quadrennial Defense Review Report 2001*, p. 13.

30 Haass, *Intervention*, p. 59.

31 周煦，〈聯合國集體安全與維持和平之演變〉，頁一八〇。

32 Barry R. McCaffery, 1994, "U.S. Military Support for Peacekeeping Operations," in Dennis J. Quinn ed. *Peace Support Operations and the U.S. Military*, Washington DC: National Defense University Press, p. 5.

33 美國介入索馬利亞的詳細經過，請見：周煦，〈聯合國集體安全與維持和平之演變〉，頁一八〇～一八三；裘兆琳，〈美國出兵索馬利亞之決策分析〉，頁一八三～二二八。

34 Haass, *Intervention*, p. 59.

35 Ibid., p. 61.

36 Ibid.

37 佩司特，《二十世紀之旅：七大強權如何塑造二十世紀》，頁二二四。

38 同上註。

39 "After Invasion of Iraq, then what? Cost, Demands, Hazards of Post-Hussein Patrols Concern Military Officers," *The Baltimore Sun,* September 23, 2002;〈難以占領日本模式對伊拉克〉，《中國時報》，二〇〇二年十月二十一日，版八。

40 Haass, *Intervention*, pp. 61-62.

41 趙國材，〈論美國出兵海外之法律依據與實踐〉，頁七三。

42 Clinton, *A National Security Strategy for a New Century*, pp. 1-2, 19-20.

43 Ibid., p.11.

44 Michèle A. Flournoy and Sam J. Tangredi, 2001, "Defense Strategy Alternatives: Choosing Where to Place Emphasis and Where to Accept Risk," in Michele A. Flournoy ed. *QDR 2001 Strategy–Driven Choices for America' s Security*,Washington DC: National Defense University Press, p. 163 fn. 6.

45 John J. Spinelli, "Peacetime Operations: Reducing Friction," in Michele A. Flournoy ed. *QDR 2001 Strategy–Driven Choices for America' s Security*, Washington DC: National Defense University Press, p. 266.

46 Caspar W. Weinberger, 1984, "The Use of Military Power," remarks by Secretary of Defense Caspar W. Weinberger to the National Press Club, PBS Online; Caspar W. Weinberger, 1986, "U.S. Defense Strategy," *Foreign Affairs* 46, no. 4: 686-687.

47 Jim Mokhiber and Rick Young, 1999, "The Use of Military Force," *Give a War a Chance*, PBS Online.

48 Colin L. Powell, 1992, "U.S. Forces: Challenges Ahead," *Foreign Affairs* 72, no.5: 37-38.

49 Jim Mokhiber and Rick Young, 1999, "The Use of Military Force," *Give a War a Chance*, PBS Online

50 Colin L. Powell, 1992, "U.S. Forces: Challenges Ahead," *Foreign Affairs* 72, no.5: 38.

51 Haass, *Intervention*, pp. 207-214.

52 Ibid., pp. 207-214.

53 Karin Von Hippel, 2000, *Democracy by Force: US Military Intervention in the Post-Cold War World* , New York, N.Y.: Cambridge University Press, p. 8.

54 Clinton, *A National Security Strategy for a New Century*, p. 20

55 Bush, *The National Security Strategy of the United States of America*, p. 30.

56 Donald H. Rumsfeld, 2002, "Transforming the Military," *Foreign Affairs* 81, no.3: 31.

57 "Bush: U.S. Will Strike First at Enemies," *Washington Post*, June 2, 2002, p. A1.

58 Bush, *The National Security Strategy of the United States of America*, p. 6.

59 Ibid., pp. 6, 15-16, 29.

60 Flournoy and Tangredi, "Defense Strategy Alternatives: Choosing Where to Place Emphasis and Where to Accept Risk," p. 165 fn. 7.

61 Flournoy, "Introduction: Twelve Strategy Decisions," p. 14.

62 Institute for National Strategic Studies, National Defense University, 1998, *Strategic Assessment: Engaging Power for Peace*, Washington DC: GPO, p. 156.

63 William S. Cohen, 1999, *Report to Congress on U.S. Military Involvement in Major Smaller-Scale Contingencies since the Persion Gulf War*, Washington DC: Department of defense.

64 Spinelli, "Peacetime Operations: Reducing Friction," pp. 268-269.

65 Robert M. Walker and Dennis J. Reimer,1998, *A Statement on the Posture of the United States Army Fiscal Year 1999,* Washington: GPO, p. 10.

66 Spinelli, "Peacetime Operations: Reducing Friction," p. 278.

67 Flournoy and Tangredi, "Defense Strategy Alternatives: Choosing Where to Place Emphasis and Where to Accept Risk," p. 165 fn. 8.

68 Michèle A. Flournoy and Kenneth F.McKenzie, Jr., 2001, "Sizing Conventional Forces: Criteria and Methodology," in Michele A. Flournoy ed. *QDR 2001 Strategy–Driven Choices for America' s Security*, Washington DC: National Defense University Press, p.

173.

69 U.S. Joint Chiefs of Staff, *Doctrine for Joint Operations*, Joint Pub 3-0, p. I-2.

70 Ibid.

71 Ibid.

72 Ibid., p. V-1.

73 Ibid., p. I-2, p. I-3.

74 Ibid., p. I-3.

75 Ibid.

76 Ibid., p. V-7.

77 U.S. Joint Chiefs of Staff, *Doctrine for Joint Operations*, p.I-4.

78 Ibid., I-7.

79 Schmitt, "Identifying National Objectives and Developing Strategy: A Process Oriented Approach," p. 26.

80 Clausewitz, *On War*, p. 605.

81 筆者在美國海軍戰爭學院研習「聯合作戰」教授上課所述。

82 周煦，二〇〇一，〈美國府會軍事權力的爭辯：以布希政府出兵波斯灣爲例〉，收錄於裘兆琳編《後冷戰時期美國海外出兵案例研究》，台北：中央研究院歐美研究所，頁一〇三。

83 其他以顧問身分列席者有：參謀首長聯席會議主席、中央情報局局長及其他內閣閣員。有關美國國家安全會議的職掌、功能與運作方式，請見：Christopher C. Shoemaker, 1991, *The NSC Staff, Counseling the Council,* Boulder: Westview Press, p. 22; Joint Forces Staff College, 2000, *The Joint Staff Officer's Guide 2000,* Norfolk: National Defense University, Joint Forces Staff College, pp. 5-3, 5-4；馬西拉（Gabriel Marcella），二〇〇一，〈國家安全與政府各機構之間的運作關係〉，收錄於佘拉米（Joseph R. Cerami）等編，高一中譯《美國陸軍戰爭學院戰略指南》（*U.S. Army War College Guide to Strategy*），台北：國防部史政編譯局，頁二〇九。

84 美國憲法第二條第二項：總統爲三軍總司令，擁有高級軍職任命權，也有軍事指揮權。根據該憲法精神，只有「國家指揮機構」的成員才具有法定的作戰指揮與軍隊調動權。請參考Joint Forces-Staff College, *The Joint Staff Officer's Guide 2000*, pp.1-4, 1-5, 1-6。由於總統與國防部長皆爲NSC與NCA成員的設計，使得美國的決策機制與軍事指揮機構成爲「三位一體」，增加了軍事政策——特別是與作戰有關的決策執行的效率；透過NCA，美國總統與國防部長直接下令、指揮各司令部作戰，該機制的設計正是美國之所以能落實文人領軍的精要所在。有關美國國家指揮機構的權責與運作，請見：張德方，二〇〇一，〈從美軍聯合作戰指揮機制探討我聯合作戰精進之道〉，《國家安全與軍事戰略研究》二卷四期，頁一〇八～一一〇。

85 U.S. Naval War College, 2000, *Joint Military Operations Syllabus 2000 Newport*, RI: Naval War College, p. 3.

86 Colin L. Powell and Joseph E. Persico, 1995, *My American Journey,* New York: Random House, p. 465。一般認爲美國越戰失敗主因之一，是戰場部隊受到太多政治約束——特別是美國政客未有明確的戰略目標，使得擁有精湛裝備與良好戰術作爲的美軍，在不恰當的戰略指導下，仍未能扭轉局勢。請見：紀德（Jack Kidd）著，楊連仲等譯，二〇〇一，《防止戰爭：美國應採取的新戰略》（*Prevent War: A New Strategy for America*），台北：國防部史政編譯局，頁四二～四三、頁一二七～一二八。

87 一九九〇年波斯灣危機時，錢尼與鮑爾對美國應該如何處理伊拉克入侵科威特一事抱持不同的看法。國防部長錢尼積極主戰，鮑爾則主張謹慎行事，兩人曾有激烈的政策之爭，鮑爾質疑頂頭上司錢尼一個被認爲逾越其職責的問題：「對伊拉克採取進一步軍事行動的目的是什麼？」有關第一次波斯灣戰爭，錢、鮑兩人的政策辯論，請參閱：PBS Oral History, Frontline Show, "Interview with Colin Powell"; Michael R.Gordon and Bernard E. Trainor, 1995, *The Generals' War,* Boston: Little, Brown and Company, pp. 33-34。第一次波灣戰爭美國戰爭決策的過程分析，請參閱：張德方，二〇〇二，〈波灣戰爭美國的戰爭指導〉，《國防雜誌》一八卷四期，頁二五～二七。

88 PBS Oral History, "Interview with Colin Powell."

89 亞當斯（James Adams）著，張志誠譯，一九九九，《下一次世界大戰》（*The Next World War*），台北：新新聞文化，頁三八。

90 PBS Oral History, "Interview with Colin Powell."

91 根據美國國防資訊中心，《一九九七年軍事年鑑》（*The World Almanac and Book of Facts 1997*），美國在越戰先後投入兵員八百多萬人；其中陣亡五萬多人，十五萬人受傷，耗費超過七千億美元。請參考紀德，《防止戰爭：美國應採取的新戰略》，頁一三二。

92 PBS Oral History, "Interview with Colin Powell."

93 Ibid.

94 U.S. Joint Chiefs of Staff, *Doctrine for Joint Operations*, Washington DC: Government Printing Office, p.II-3.

95 Clausewitz, *On War*, p. 87.

96 Powell and Persico, *My American Journey*, p. 465.

97 U.S. Naval War College, 1999, "Putting First Things First," Newport, RI: Naval War College, p. 1

98 U.S. Naval War College, 2000, *Joint Military Operations Syllabus 2000*, p. 4.

99 「沙漠之狐」行動導因於一九九八年十二月上旬，美國柯林頓總統根據聯合國武器檢查人員對海珊違反規定的報告，認爲伊拉克總統海珊有意挑釁，而對伊拉克展開空中攻擊。請參考：紀德，《防止戰爭：美國應採取的新戰略》，頁二〇八。

100 周煦，二〇〇一，《冷戰後美國的中東政策（一九八九～二〇〇〇）》，台北：五南，頁二四六；另紀德分析「沙漠之狐」行動主要是政治性考量，從戰術觀點看該次作戰任務相當成功，但是戰略價值卻令人懷疑。該事件使海珊採取更強硬立場。該事件的詳細分析，請參考紀德，《防止戰爭：美國應採取的新戰略》，頁二〇八～二〇九。

101 John Barry and Evan Thomas, 2002, "The Fog of Battle," *Newsweek* , September 30, 2002.

102 U.S. Joint Chiefs of Staff, *Doctrine for Joint Operations*, p. I-10.

103 Ibid.

104 Ibid., p. I-4.

105 一九九〇年八月八日，老布希總統對美國人民發表電視演說時，提出軍事行動的政治目的主要有四點：第一、伊拉克撤軍；第二、恢復科威特政權；第三、宣示美國對波灣地區的安全承諾；第四、保護海外僑民安全。次年一月十五日，在美國展開攻擊行動的前夕，老布希總統又再度明確重申前述對伊動武的四大政治目的。請見：Neil Hartenstein, 1998, "United States and the Coalition in the Gulf War," Paper presented at the Strategy and Policy Symposium, U.S. Naval War College. Newport, RI. March 1, 2000; William M. Arkin, "Masterminding an Air War," *Washington Post*, July 30, 1998.

106 老布希在停火後的白宮記者會上坦承，雖然美國已經達成了驅逐海珊的目的，但是「個人目前還沒有像許多美國人民那種喜悅的感覺」。他表示，他所希望看到的是「像第二次世界大戰那樣，完全結束衝突的結果，像美國在密蘇里艦上接受日本投降一樣的結局，然而，目前那個危害鄰國的海珊政權依舊存在」。請見：George Bush and Brent Scowcroft, 1998, *A World Transformed,* New York: Alfred A. Knopf, p. 488; Gordon and Trainor, *The Generals' War*, p.xv; PBS Oral History, Frontline Show, "Interview with National Security Advisor, Brent Scowcroft."

107 U.S. Joint Chiefs of Staff, *Doctrine for Joint Operations*, p. I-9.

108 Ibid., p. xii.

109 Ibid., p. I-10.

第三章

1 U.S. Department of Defense, *Annual Report on the Military Power of the People's Republic of China*, p. 38.

2 美國二〇〇三年國防支出預估將超過三千九百億美元。"China's Military Modernization Is Threat to Taiwan, Study Says," *The Wall Street Journal*, July 15, 2002.

3 U.S. Department of Defense, *Annual Report on the Military Power of the People's Republic of China*, p. 38.

4 "China's Military Modernization Is Threat to Taiwan, Study Says," *The Wall Street Journal*, July 15, 2002.

5 國防部，《中華民國九十一年國防報告書》，頁五一。

6 U.S.-China Security Review Commission, *The National Security Implications of the Economic Relationship between the United States and China*, ch. 8.

7 U.S. Department of Defense, *Annual Report on the Military Power of the People's Republic of China*, p. 4.

8 「低盪」一詞源出於法國，意指降低緊張關係。有人亦譯之爲「和解」。d’ etente一詞的緣起，詳細解釋與歷史案例說明，請見：Graham Evans and Jeffrey Newnham, *The Penguin Dictionary of International Relations*, pp. 125-126.

9 張明睿，一九九八，《中共國防戰略發展》，台北：洪葉文化公司，頁二二六～二二八。

10 丁樹範，一九九六，《中共軍思想的發展一九七八～一九九一》，台北：唐山出版社，頁六三～七三。

11 丁樹範，一九九〇，〈波斯灣戰爭對中共解放軍的影響〉，《中國大陸研究》三四卷十二期，頁二七～三六。

12 〈江澤民在十五大政治工作報告中論軍隊建設〉，《中央社大陸新聞電子報》一九九七年九月，「軍隊」欄。

13 U.S. Department of Defense, *Annual Report on the Military Power of the People's Republic of China*, p. 4.

14 “Army Seeks Mobility in Force Cuts,” *Jane’s Defense Weekly*, June1997: 22-23.

15 U.S. Department of Defense, *The Security Situation in the Taiwan Strait*.

16 Paul H. B. Godwin, 1996, “From Continent to Periphery: PLA Doctrine, Strategy and Capabilities towards 2000,” *The China Quarterly*, no. 146: 469-471.

17 廖文中，二〇〇一，〈中共空軍戰略及武器裝備現代化概況〉，收錄於廖文中編《中共軍事研究論文集》，新北：中共研究雜誌社，頁三五九。

18 〈中共空軍戰略從固土防禦轉向攻防兼備〉，《中國時報》，二〇〇〇年四月三十日，版九。

19 John Wilson Lewis and Xue Litai, 1999, “China's Search for a Modern Air Force,” *International Security* 24, no. 1: 93.

20 廖文中，〈中共空軍戰略及武器裝備現代化概況〉，頁三五八。

21 張農科，一九九九，〈中國空軍由防空型向攻防兼備型轉變〉，《紫荊雜誌》一九九九年十一月號，頁九。

22 〈中共空軍戰略從固土防禦轉向攻防兼備〉，《中國時報》，二〇〇〇年四月三十日，版九。

23 廖文中，〈中共空軍戰略及武器裝備現代化概況〉，頁三五九。

24 廖文中，二〇〇一，〈中共二十一世紀海軍戰略對亞太區域安全之影響〉，收錄於廖文中編《中共軍事研究論文集》，新北：中共研究雜誌社，頁一〇〇～一〇一。

25 國防部，《中華民國九十一年國防報告書》，頁四一。

26 UCSRC, *The National Security Implications of the Economic Relationship between the United States and China*, ch. 8. 根據《紐約時報》與《華盛頓時報》的報導，中共二〇〇二年射程涵蓋台灣的短程彈道飛彈爲三百五十枚，並以每年約五十枚的速度增加。請見："China Reshaping Military to Toughen Its Muscle in the Region," *The New York Times*, October 16, 2002; Bill Gertz and Rowan Scarborough, "Inside the Ring," *The Washington Times*, November 22, 2002.

27 "Pentagon warns of China threat," *CNN News*, July 13, 2002.

28 Scobell, *Show of Force*, p. 16.

29 國防部，《中華民國九十一年國防報告書》，頁四一。

30 謝清志，二〇〇〇，〈中共飛彈研發進展與台灣防禦能力之探討〉，和平論壇「台海兩岸軍力評估」研討會。

31 國防部，《中華民國九十一年國防報告書》，頁六三。

32 U.S. Department of Defense, *The Security Situation in the Taiwan Strai*.

33 "U.S. Concern Over China Missile Build-Up," *CNN News*, April 18, 2002.

34 U.S. Department of Defense, *The Security Situation in the Taiwan Strai*.

35 謝清志，〈中共飛彈研發進展與台灣防禦能力之探討〉。

36 U.S. Department of Defense, *Proliferation: Threat and Response*, p. 15.

37 John J. Tkacik, Balbina Hwang, and Dana R. Dillon, "Asian Security, Helping to Assure Peace in the Pacific," p. 280; Bill Gertz and Rowan Scarborough, "Inside the Ring," *The Washington Times*, August 17, 2001, p. A7.

38 Tkacik, Hwang, and Dillon, 2001, "Asian Security, Helping to Assure Peace in the Pacific," p. 280; Bill Gertz and Rowan Scarborough, 2001, "Inside the Ring," *The Washington Times*, August 17, 2001, p. A7.

39 Stokes, *China's Strategic Modernization: Implications for the United States*, p. 88.

40 《自由時報》二〇〇二年八月二十五日，版三。

41 Bill Gertz, "Rumsfeld Says Missile Proof of China' s Global Ambitions," *Washington Times*, September 7, 2001.

42 U.S. Department of Defense, *Proliferation: Threat and Response*, p. 14.

43 Ibid.

44 Bates Gill and James Mulvenon, 2002, "China's Nuclear Agenda," *The New York Times*, September 7, 2001.

第四章

1 〈錢其琛：一中原則下什麼都可談〉，《中國時報》二〇〇二年十一月十七日，版十一。

2 同上註。

3 中共將「一個中國」內涵從「世界上只有一個中國，台灣是中國的一部分，中國的主權和領土完整不容分割」，改爲「世界上只有一個中國，大陸和台灣同屬一個中國，中國的主權和領土完整不容分割」。

4 中共國務院台灣事務辦公室，二〇〇〇，《一個中國的原則與台灣問題》，北京：國務院台灣事務辦公室；《二〇〇〇年中國的國防》，中共外交部網站。

5 江澤民，二〇〇二，《江澤民同志在黨的十六大上所作報告》，第八部分。

6 同上註。

7 中共國務院台灣事務辦公室，《一個中國的原則與台灣問題》。

8 江澤民，《江澤民同志在黨的十六大上所作報告》，第八部分。

9 國防部，《中華民國九十一年國防報告書》，頁六一。

10 〈反對攻台 朱鎔基孤軍奮鬥〉，《聯合報》一九九九年十一月六日，版十三。

11 Thomas J. Christensen, 2001, "2001-2002 Northeast Asia: China," in Richard J. Ellings and Aaron L. Friedberg ed. *Strategic Asia 2001–02*, Seattle: The National Bureau of Asian Research (NBR), pp. 48-49.

12 Ibid., p. 48.

13 這句話係引用李潔明在媒體訪談時所的敘述。請見：《聯合報》一九九四年六月二十三日，版九。

14 U.S. Department of Defense, *Annual Report on the Military Power of the People's Republic of China*, p. 6.

15 Christensen, "2001-2002 Northeast Asia: China," p. 41.

16 轉引自：〈以戰爭轉移內部矛盾 中共可能武力犯台〉，《中央日報》一九九〇年三月二十六日，版三。

17 國防部，《中華民國九十一年國防報告書》，頁三六～三七。

18 Christensen, "2001-2002 Northeast Asia: China," p. 48.

19 曲明，一九九五，《二〇一〇年兩岸統一：中共邁向海權時代》，台北：九儀出版社，頁一九二。

20 同上註，頁一八八。

21 同上註，頁一八九～一九二。

22 林正義，一九八九，《台灣安全三角習題：中共與美國的影響》，台北：桂冠出版社，頁六三～六四。

23 U.S. Department of Defense, *Annual Report on the Military Power of the People's Republic of China*, p. 46.

24 Christensen, "2001-2002 Northeast Asia: China," p. 51.

25 〈裴利：美不希望有台獨動作〉，《中國時報》二〇〇二年十一月十九日，版三。

26 U.S. Department of Defense, *Annual Report on the Military Power of the People's Republic of China*, p. 49.

27 Ibid.

28 Pearson and Rochester, *International Relations*, pp. 242-243.

第五章

1 白邦瑞，《中共對未來安全環境的辯論》，頁一六。

2 同上註，頁三三〇、三三二。

3 沈貴寬，〈以寡克眾的辯證法〉，收錄於白邦瑞（Michael Pillsbury）編、三軍大學譯《中共未來的戰爭觀——中共國防大學論文集》（*Chinese Views of Future Warfare*），台北：三軍大學，頁二五〇。

4 中共所謂的局部戰爭包含了非常廣泛的軍事狀況，幾乎所有規模小於全球性戰爭或重大核子戰爭的軍事作戰，都被視爲局部戰爭。請見：白邦瑞，《中共對未來安全環境的辯論》，頁三一九。

5 張大銘，〈中國未來十年犯台軍事整備〉，收錄於李潔明（James R. Lilly）等編、張同瑩等譯《台灣有沒有明天？——台海危機美中台關係揭密》（*Crisis in the Taiwan Strait*），台北：先覺出版社，頁一〇六。

6 U.S. Department of Defense, *The Security Situation in the Taiwan Strait*.

7 張曉明，一九九八，〈高技術局部戰爭的初戰觀〉，《現代軍事》一九九八年十二期，頁二七～二八。

8 Mi Zhenyu, 1996, "China' s Strategic Plan of Active Defense," in Shi Bike ed. *Zhongguo daqushi* (Megatrends China), Beijing: Hualing Chubanshe, pp. 53–54; quoted in Andrew Scobell, *Show of Forc*, p. 16, fn. 48.

9 白邦瑞，《中共對未來安全環境的辯論》，頁三二一～三二三。

10 〈第九次裁軍正進行〉，《文匯報》，一九九八年二月七日，版五。

11 白邦瑞，《中共對未來安全環境的辯論》，頁三二五～三二六。

12 王普豐，〈資訊作戰之挑戰〉，收錄於白邦瑞（Michael Pillsbury）編、三軍大學譯《中共未來的戰爭觀——中共國防大學論文集，頁三六八～三七一。

13 白邦瑞，《中共對未來安全環境的辯論》，頁三三六～三三七。

14 國防部，《中華民國九十一年國防報告書》，頁五五。

15 U.S. Department of Defense, *Annual Report on the Military Power of the People's Republic of China*, pp. 11-12.

16 吳溫暖，一九九七，〈高技術條件下攻擊重心選擇新探〉，《現代軍事》一九九七年七期，頁二四～二五。

17 U.S. Department of Defense, *Annual Report on the Military Power of the People's Republic of China*, p. 11.

18 張中勇，〈中共軍事事務革命與台海安全〉，頁一四四。

19 "Pentagon warns of China threat," *CNN News*, July 13, 2002.

20 U.S. Department of Defense, *Annual Report on the Military Power of the People's Republic of China*, p. 46.

21 Ibid., p.47.

22 林中斌，〈美國台海政策 雙重明確定調〉，《中國時報》二〇〇三年一月九日，版三。

23 Ibid.

24 Ibid.

25 Ibid.

26 Ibid.,p.48.

27 Ibid.

28 《解放軍報》一九九四年十二月二日，版三。

29 《中國時報》，二〇〇二年十一月十三日，版三。

30 麥利凱（Eric A. McVadon），〈解放軍海軍針對台灣進行的軍事演習、準則與戰術〉，收錄於《台灣有沒有明天？——台海危機美中台關係揭密》，頁二八五。

31 James B.Linder, 1980, "Taiwan' s Troubled Security Outlook," *Strategic Review* 8, no. 4: 52.

32 林正義，〈美國出兵台灣海峽及其限制〉，頁二五二。

33 麥利凱，〈解放軍海軍針對台灣進行的軍事演習、準則與戰術〉，頁三一〇。

34 有關中共對台灣實施大縱深遠程海上封鎖可能性的分析，以及台灣如何採取反封鎖護航作戰與海上航道的護衛等反制作爲，請見：鍾堅，一九九九，〈台灣聯外海上航道：遠程反封鎖之敏感性〉，《戰略與國際研究》一期二卷，頁六五～六六。

35 U.S. Department of Defense, *The Security Situation in the Taiwan Strai.*

36 宋燕輝，一九九六，〈中共對台實施海上封鎖之可能與國際法相關問題〉，《問題與研究》三五期四卷，頁一五。

37 同上註。

38 張大銘，〈中國未來十年犯台軍事整備〉，頁一〇三。

39 Scobell, *Show of Force*, p. 11.

40 費學禮（Richard D. Fisher, Jr.），一九九九，〈中國飛彈飛越台灣海峽的政治與軍事評估〉，收錄於《台灣有沒有明天？——台海危機美中台關係揭密》，頁二二〇。

41 卡特、裴利，《預防性防禦：後冷戰時代美國的新安全觀念》，頁一四三。

42 U.S. Department of Defense, *Annual Report on the Military Power of the People's Republic of China*, pp. 51-52.

43 Scobell, *Show of Force*, p. 16.

44 國防部，《中華民國九十一年國防報告書》，頁五七。

45 U.S. Department of Defense, *Annual Report on the Military Power of the People's Republic of China*, p. 15.

46 UCSRC, *The National Security Implications of the Economic Relationship between the United States and China*, ch. 8.

47 Shlapak, Orletsky, and Wilson, *Dire Strait*, pp. 9-10.

48 〈共軍東南沿海年度演習進入尾聲〉，《中國時報》二〇〇二年九月二十四日，版九。

49 Hornbarger and Kearn, ed., *National Strategies and Capabilities for a Changing World*, pp. 26-27.

50 Ibid.

51 U.S. Department of Defense, *Annual Report on the Military Power of the People's Republic of China*, p. 51.

52 David Shambaugh, 2000, "A Matter of Time: Taiwan' s Eroding Military Advantage," *The Washington Quarterly* 23, no. 2: 121-122.

53 國防部，《中華民國九十一年國防報告書》，頁四〇。

54 Hornbarger and Kearn, ed., *National Strategies and Capabilities for a Changing World*, pp. 26-27.

55 Shambaugh, "A Matter of Time: Taiwan' s Eroding Military Advantage," pp. 121-122.

56 〈美情報專家分析中共犯台可能性〉，《聯合報》二〇〇〇年五月十三日，版三。

57 Hornbarger and Kearn, ed., *National Strategies and Capabilities for a Changing World*, pp. 26-27.

58 Shlapak, Orletsky, and Wilson, *Dire Strait*, p. XIV.

59 *Washington Post*, March 12, 2000, p. A01.

60 U.S. Department of Defense, The Security Situation in the Taiwan Strai.

61 U.S. Department of Defense, *Annual Report on the Military Power of the People's Republic of China*, p. 48.

62 《中國時報》二〇〇〇年三月十三日，版三。

63 U.S. Department of Defense, *Annual Report on the Military Power of the People's Republic of China*, p. 52.

64 Ibid., p. 50.

65 林中斌，〈美國台海政策 雙重明確定調〉，《中國時報》二〇〇三年一月九日，版三。

66 〈美情報專家分析中共犯台可能性〉，《聯合報》二〇〇〇年五月十三日，版三。

67 U.S. Department of Defense, *Annual Report on the Military Power of the People's Republic of China*, p. 51.

68 UCSRC, *The National Security Implications of the Economic Relationship between the United States and China*, ch. 8.

69 Ibid.

70 U.S. Department of Defense, *Annual Report on the Military Power of the People's Republic of China*, p. 51.

71 Acheson, Present at the Creation, *My Years in the State Department*, pp. 447-448.

72 U.S. Department of Defense, *Annual Report on the Military Power of the People's Republic of China*, p. 48.

第六章

1 Kurt M. Campbell and Derek J. Mitchell, 2001, "Crisis in the Taiwan Strait," *Foreign Affairs* 80, no. 4: pp. 15-17.

2 林中斌，〈美國台海政策 雙重明確定調〉，《中國時報》二〇〇三年一月九日，版三。

3 張雅君，一九九二，〈理想主義下布希對中共政策的困境〉，《美國月刊》七卷一期，頁四七。

4 加迪司（John Lewis Gaddis）著，三軍大學譯，一九八五，《美國圍堵戰略（上冊）》（*Strategies of Containment*），台北：三軍大學，頁五九。

5 周煦，一九九九，《冷戰後美國的東亞政策（一九八九～一九九七）》，台北：生智文化公司，頁七。當時國務院曾對毛澤東步狄托後塵的可能性展開廣泛的討論，請見：加迪司，《美國圍堵戰略（上冊）》，頁五九。

6 陳峰君編，一九九九，《冷戰後亞太國際關係》，北京：新華出版社，頁一二四。

7 周煦，《冷戰後美國的東亞政策》，頁七。

8 加迪司，《美國圍堵戰略（上冊）》，頁六〇。

9 同上註。

10 同上註。

11 General MacArthur, interview with G. Ward Price, *New York Times*, March 2, 1949, p. 22; quoted in Henry Kissinger, 1994, *Diplomacy*, New York: Touchstone, p. 475.

12 周煦，《冷戰後美國的東亞政策》，頁七。

13 Henry Kissinger, *Diplomacy*, p.723.

14 陳文賢，〈美國與中共戰略互動下的台灣安全：一九七〇年代以來的觀察〉，《問題與研究》三六卷六期，頁四。

15 引自加迪司，《美國圍堵戰略（上冊）》，頁八九。

16 尼克森原是一位極端反共的人士，但是他把意識型態的僵硬性與政治上的實用主義結合在一起，而與中共建交。同上註。

17 傅高義（Ezra F. Vogel）編，吳福生譯，《二十一世紀的美國與中共關係》（*Living with China: U.S.-China Relations in the Twenty-First Century*），台北：國防部史政編譯局，頁七。

18 陳峰君編，《冷戰後亞太國際關係》，頁一二四。

19 張雅君，〈理想主義下布希對中共政策的困境〉，頁四九～五〇。

20 一九七八年十二月中共召開的十一屆三中全會可謂中共走向現代化的轉捩點。該次會議中共決定「全黨、全國工作重點從階級鬥爭轉移到以經濟建設爲中心的社會主義現代化建設爲國家工作重點」，確定了中共「對內搞活經濟，對外開放經濟」的政策。會議有關經濟改革的決議內容，請見：共黨問題研究叢書編輯委員會，一九八九，《中共「一國兩制」的理論與實際》，台北：共黨問題研究中心，頁一、一三、五二～五三。

21 陳峰君編，《冷戰後亞太國際關係》，頁一二五。

22 周煦，《冷戰後美國的東亞政策》，頁八。

23 陳峰君編，《冷戰後亞太國際關係》，頁一二五。

24 邱坤玄，一九九二，〈蘇聯變局後美國與中共的關係〉，《美國月刊》七卷一期，頁四一。

25 Charles Krauthammer, 1990, "The Unipolar Moment," *Foreign Affairs* 70, no. 1: 23-33.

26 G. John Ikenberry, 1998, "Institutions, Strategic Restraint, and the Persistence of American Postwar Order," *International Security* 23, no. 3: 43-78.

27 Christopher Layne, 1993, "The Unipolar Illusion: Why New Great Powers will Rise," *International Security* 17, no. 4: 5-51; Michael Mandelbaum, 1997, "Preserving the Unipolar Moment," *International Security* 21, no. 4: 49-88.

28 甘迺迪（Paul Kennedy）著，張春柏等譯，一九九五，《霸權興衰史》（*The Rise and Fall of the Great Powers: Economic Change and Military Conflict from 1500 to 2000*），台北：五南出版社，頁六七九～六八九。

29 Joseph Nye S. Jr., 1999, "Redefining the National Interest," *Foreign Affairs*78, no. 4: 24-25.

30 周煦，《冷戰後美國的東亞政策》，頁一九。

31 奈伊所指的柔性力量是指能夠驅使他人去做某件事的一種權力。它不僅只是文化影響力，還包括美國政府在國內的行為（如民主），及國際組織（如尊重、傾聽他國聲音）與外交政策（如促進和平與人權）中所秉持的價值觀等。此外，如國家威望，也有可能使美國在某些議題上具有軟性權力。硬式力量則包括武裝部隊、天然資源及其他資產。請見：Joseph Nye Jr., 1990, *Bound to Lead: The Changing Nature of American Power*, New York: Basic Book, p. 188, 284 fn.25.

32 約瑟夫・奈伊（Joseph Nye Jr.）著，蔡東杰譯，二〇〇二，《美國霸權的矛盾與未來》（*The Paradox of American Power: Why The World's Only Superpower Can't Go It Alone*），台北：左岸文化，頁五七、二七〇～二七二、三一〇。

33 "2nd Presidential Debate Between Gov. Bush and Vice President Gore," *New York Times*, October 12, 2000, p. A20.

34 〈歐盟堅持批准京都議定書〉，《中國時報》二〇〇一年四月一日，版九。

35 Bush, *The National Security Strategy of the United States of America*, p. 6.

36 劉國新，二〇〇一，〈中國共產黨執政的國際環境：對策與經驗〉，《中國外交》二〇〇一年十二期，頁七。

37 白邦瑞，《中共對未來安全環境的辯論》，頁三八〇。

38 Carolyn W. Pumphery, 2002, "Introduction," in Carolyn W. Pumphery ed. *The Rise of China in Asia: Security Implications*, Carlisle, Penn.: U.S. Army War College, p. 6.

39 劉國新，〈中國共產黨執政的國際環境：對策與經驗〉，頁七。

40 Ross H. Munro, 1992, "Awakening Dragon: The Real Danger in Asia is from China," *Policy Review* 62: 10-16。事實上早在一九九〇年五月，「中國威脅」的論調就已經見諸在日本防衛大學副教授村井友秀在當月的《諸君》雜誌上發表名為〈論中國

這個潛在的「威脅」〉的文章之中。請參閱王俊彥，一九九六，《警惕日本——昨日的侵略與今日的擴張》，北京：出版社不詳，轉引自「木子書屋」電子書。

41 白禮博（Richard Bernstein）、孟儒（Ross H. Munro）著，許綬南譯，一九九七，《即將到來的中美衝突》（*The Coming Conflict with China*），台北：麥田出版社，頁三。

42 甘迺迪，《霸權興衰史》，頁六〇七。

43 Institute for National Strategic Studies (INSS), *Strategic Assessment 1999*, Washington DC: Institute for National Strategic Studies, National Defense University.

44 World Bank, 1997, *China 2020: Development Challenges in the New Century*, Washington DC: World Bank, pp. 17-22.

45 亞洲金融危機始自於泰國，一九九七年七月二日泰銖劇貶百分之七．五七。受到泰銖匯律不穩定之影響，菲律賓披索、馬來西亞幣及印尼盾立即受到國際投機者之攻擊，在短短的一個半月內，泰銖貶值百分之一八．六二、印尼盾貶值百分之一六．一五、菲律賓披索貶值百分之一一．三六、馬來西亞幣貶值百分之九．二七。貶值壓力愈演愈烈、逐漸擴散，展開所謂「亞洲傳染病」（Asia contagion）的序幕。詳細分析請參閱左峻德、朱正中，一九九八，〈東亞金融危機對我國之影響及因應對策〉，《經濟情勢暨評論季刊》三卷四期。

46 World Bank, China 2020, pp. 17-22.

47 The United States Commission on National Security/21st Century(USCNS/21), 1999, *New World Coming: American Security in the 21st Century*, Supporting Research and Analysis, Washington DC: The United States Commission on National Security/21st Century, p. 76.

48 Ibid., pp.76-77.

49 周煦，〈美國圍堵中共 升高兩岸緊張情勢〉，《聯合報》二〇〇一年五月二十日，版十五。

50 歐耿斯基以國家工業化的程度，將權力轉移分成三個階段：第一階段是潛在強權階段，指以農業為主、尚未工業化的國家，該國的影響力甚低；第二階段是權力逐漸發展階段，國家從前工業化進入工業化，在發展過程中，國家的權力迅速成長，除將超越原來同級的未工業化國家，並逐漸迎頭趕上工業化國家。歐耿斯基認為在這個階段中央政府權力大增，人民支持政府，國家主義興起，向外侵略的機會增加；第三階段為權力成熟階段，指完全工業化的國家，該階段的國家GNP仍將持續成長，但是成長率趨緩，由於處於第二階段的國家競爭力強勁，國力差距減低，進退之間相對權力衰減，往往使得處於權力成熟階段的國家逐漸沒落。參見：A. F. K. Organski, 1969, *World Politics*, New York: Random House, pp. 340-344.

51 Goldstein, *International Relations*, pp. 91-92.

52 Ibid.

53 A. F. K. Organski, *World Politics*, pp. 340-344.

54 USCNS/21, *New World Coming: American Security in the 21st Century*, p. 77.

55 有關促使美國於十九世紀後期崛起的因素及過程的詳細分析，請見：張德方，二〇〇二，〈馬漢戰略思想之研究〉，《海軍學術月刊》三六卷十二期，頁一一～一四。

56 一八六一年林肯總統主張解放黑奴，美國南部七州脫離聯邦自組美利堅聯盟國，並對北部各州宣戰，南北戰爭從此爆發，一八六五年內戰結束南北統一。

57 海頓道夫（John B. Hattendorf）編，朱成祥譯，一九九四，《歷史對馬漢的影響》（*The Influence of History on Mahan*），台北：海軍學術月刊社，頁三九～四〇。

58 佩司特（Rober A. Pastor）著，董更生譯，二〇〇〇，《二十世紀之旅：七大強權如何塑造二十世紀》，台北：聯經出版社，頁二一六。

59 甘迺迪，《霸權興衰史》，頁三二一。

60 門戶開放主義緣起於二十世紀初，中國被列強劃分勢力範圍，美國由於加入瓜分中國的時機已失，加上美西戰爭，美國從西班牙手中奪取了菲律賓，對遠東國家的貿易量隨之激增，與中國的關係更為密切，列強劃分勢力範圍嚴重影響美國利益，所以它想打破此局面。一八九九年美國務卿海約翰（John Hay）擬定方針，一九〇〇年美國確立了中國門戶開放的政策。蔡東杰，二〇〇〇，《中國外交史》，台北：風雲論壇出版社，頁一四五～一四七；Graham Evens and Jeffrey Newnham, 1998, *The Penguin Dictionary of International Relations*, London: Penguin Book, pp. 402-404.

61 甘迺迪，《霸權興衰史》，頁三二〇。

62 同上註，頁二二〇。

63 Goldstein, *International Relations*, p. 85.

64 Pumphery, "Introduction," p. 2.

65 陳毓鈞，〈北京審慎因應美單邊主義〉，《中國時報》二〇〇二年九月十九日，版十五。

66 Robert Jervis, 1978, "Cooperation under the Security Dilemma," *World Politics* 30, no.2: 167-174; Kenneth N. Waltz, 1979, *Theory of International Politics*, Reading, Mass: Addison-Wesley, pp. 102-103.

67 Pumphery, "Introduction," p. 6.

68 Ibid., p.3.

69 加迪司，《美國圍堵戰略（上冊）》，頁九〇。

70 周煦，〈美國圍堵中共升高兩岸緊張情勢〉，《聯合報》二〇〇一年五月二十日，版十五。

71 明居正，一九九七，〈美國，中共與日本的戰略關係與台海風雲〉，收錄於許光泰編《香港回歸與大陸變局》，台北：政治大學國際關係研究中心，頁一八三。

72 丁守中，〈美國新戰略武裝台灣上前線〉，《聯合報》二〇〇一年五月二十七日，版十五。

73 "Pentagon Warns of China Threat," *CNN News*, July 13, 2002.

74 Joseph Nye, 2002, "The New Rome Meets the New Barbarians," *Economist,* Mar 21, 2002.

75 Zalmay Khalilzad, 1999, *Congage China*, Santa Monica, CA: Rand, pp. 7-11.

76 〈黎安友：扁宣示不是什麼新提法〉，《中國時報》二〇〇二年八月六日，版十一。

77 Kenneth Lieberthal, 2002, "Roundtable Explores Major Challenges Confronting China," Santa Monica, CA: Center for Asia Pacific Policy (CAPP) .

78 〈華爾街日報：江澤民續任總書記 中共黨內漸達共識〉，《中國時報》二〇〇二年九月五日，版十一。

79 Lieberthal, "Roundtable Explores Major Challenges Confronting China."

80 趙建民，〈中國大陸能維持穩定嗎？〉，《中國時報》一九九九年二月二十七，版十五。

81 Pumphery, "Introduction," p. 4.

82 柯林頓，〈一九九九年四月七日美國總統柯林頓有關美國中國政策演講詞〉，台北：美國在台協會。

83 鄭端耀，二〇〇一，〈美國大選及其美國新政府外交人事布局與政策走向〉，和平論壇「美國新政府人事布局與政策走向對兩岸關係之影響」座談會，頁四～七。

84 《民生報》二〇〇一年八月三十一日，版A2。

85 《自由時報》二〇〇二年八月二十六日，版三。

86 同上註。

87 Michael Swaine and Ashley J. Tellis, 2000, *Interpreting China's Grand Strategy: Past, Present, and Future*, Santa Monica, CA: Rand, p. 1.

88 U.S. Department of Defense, *Quadrennial Defense Review Report 2001*, Washington, DC: Department of Defense, p. 4; Donald H. Rumsfeld, *Annual Report to the President and the Congress*, pp. 11-12.

89 U.S. Department of Defense, *Quadrennial Defense Review Report 2001*, pp. 8-12; Rumsfeld, *Annual Report to the President and the Congress*, pp. 11-12.

90 U.S. Department of Defense, *Annual Report on the Military Power of the People's Republic of China*, p. 48.

91 〈評中共軍力 五角大廈報憂不報喜〉，《聯合報》二〇〇二年七月十五日，版三；"Pentagon Warns of China Threat," *CNN*, July 13, 2002.

92 Ibid.

93 U.S.-China Security Review Commission, 2002, *The National Security Implications of the Economic Relationship between the United States and China*, U.S.-China Security Review Commission, Report to Congress of the U.S.-China Security Review Commission, ch. 5 & ch. 9.

94 Bush, *The National Security Strategy of the United States of America*, pp. 27-28.

95 《聯合報》一九九五年五月六日，版十三。

96 一九九八年《詹氏防衛週刊》的報導，中共將其建造航空母艦的計畫加以延擱，其原因之一即爲中共擔心亞太地區國家對中共的軍力發展與可能出現的中國威脅會有不良影響。參見：Paul Beaver, 1998, "China will Delay Aircraft Carrier," *Jane's DefenseWeekly*, June 3, 1998.

97 周煦，〈美國圍堵中共 升高兩岸緊張情勢〉，《聯合報》二〇〇一年五月二十日，版十五。

98 U.S. Department of Defense, *Quadrennial Defense Review Report 2001*, p. 2.

99 Ibid., p. iii, p. 14.

100 John J. Mearsheimer, 2001, "The Future of the American Pacifier," *Foreign Affairs* 80, no. 5.

101 Robert S. Ross, 1997, "China II: Beijing as a Conservative Power." *Foreign Affairs* 76, no.2: 33-35.

102 George W. Bush, 2001, "Address to a Joint Session of Congress and the American People," Washington, DC: Office of the Press Secretary, The White House.

103 Jiemian Yang, 2002, "The Bush Administration's Taiwan Policy: Evolution and Trends," *American Foreign Policy Interests* 24, no. 2: 149.

104 U.S. Department of State, Office of International Information Programs, "U.S. and China Want Peaceful Resolution to North Korea's Nuclear Threat," Bush, Chinese President Jiang Zemin confer, meet press in Texas, Office of International Information Programs, October 25, 2002.

105 Yang, "The Bush Administration's Taiwan Policy: Evolution and Trends," p. 149.

106 Jessica T. Mathews, 2002, "September 11, One Year Later: A World of Change," *Policy Brief 18*, Washington DC: Carnegie Endowment for International Peace.

107 〈閻學通教授：美並沒因反恐而放棄防範中國〉，《聯合早報》二〇〇二年七月十七日。

108 中華人民共和國外交部編，《中國外交——二〇〇二年版》，北京：中華人民共和國外交部，第一章。

109 Bates Gill, "U.S. Security Policy in the Asia-Pacific: Counter-terrorism, the QDR, and Beyond," Paper Presented at the Conference on Security and Conflict Prevention across Taiwan Strait in the Early 21st Century, National Strategic Studies Institute (NSSI),

National Defense University. Taipei. December 11-12, 2001, p. 19.

110 Gill, "U.S. Security Policy in the Asia-Pacific: Counter-terrorism, the QDR, and Beyond," pp. 18-19.

111 Michael E. O'Hanlon, 2002, *Defense Policy Choices for the Bush Administration*, Washington DC: Brookings Institution Press, p. 8.

112 Gill, "U.S. Security Policy in the Asia-Pacific: Counter-terrorism, the QDR, and Beyond," p. 18.

113 Larry M. Wortzel, 2001, "Joining Forces against Terrorism: Japan's New Law Commits more than Words to U.S. Effort," *Backgrounder* no. 1500, Washington DC: The Heritage Foundation.

114 Kurt M. Campbell, "America's Response to Terrorism: U.S.-China Security Relations after the September 11 Attacks," Roundtable Meeting, Council on Foreign Relations.

第七章

1 美國對台灣的人權紀錄曾表示過關切，從一九七九年至一九八八年期間，美國國會針對台灣的人權狀況及政治發展情形，曾舉行過多次聽證會，包括高雄的美麗島事件、陳文成教授死亡事件及江南案。請見：Jay Taylor, 2000, *The Generalissimo's Son*, Cambridge, Mass.: Harvard University Press, quoted in John J. Tkacik, Balbina Hwang, and Dana R. Dillon, 2002, "Asian Security, Helping to Assure Peace in the Pacific," *ISSUES 200/Asian Security*,Washington DC: The Heritage Foundation, p. 280 fn. 2.

2 Colin L. Powell, "Remarks at Asia Society Annual Dinner," U.S. Department of State, June 10, 2002.

3 Bush, *The National Security Strategy of the United States of America*, p. 28.

4 Ibid., p.3.

5 赫爾姆斯（Kim R. Holmes）、普里斯特（James J. Przystup）編，張林宏等譯，一九九八，《外交與威懾：美國對華戰略》（*Between Diplomacy and Deterrence: Strategies for U.S. Relations with China*），北京：新華出版社，頁一二一。

6 Pumphery, "Introduction," p. 13.

7 張德方譯，〈美國海軍未來在太平洋擔負的任務與角色〉（*Future U.S. Naval Roles and Missions in the Pacific*），《海軍學術月刊》三五卷三期，頁一〇。二〇〇〇年六月美國海軍戰爭學院在年度戰略研討會上，針對美國軍事戰略的改變，以及中共解放軍日漸形成的威脅，邀集全美國軍、文職專家學者與戰院應屆畢業生，討論美國海軍未來因應之道。引言人寇耳教授在提報的論文中，以近五分之一的篇幅就台海問題分析美國太平洋作戰司令部可能承擔的任務與角色。

8 陳一新，一九九五，《斷交後的中美關係》，台北：五南圖書出版公司，頁一五九。

9 《台灣關係法》，參見美國在台協會網站。

10 Bush, *The National Security Strategy of the United States of America*, p. 1.

11 劉屏，〈台灣關係法納入一中政策 美學者：布希說法對台極爲友好〉，《中國時報》二〇〇二年十月二十七日，版一。

12 Richard N. Haass, 2002, "China and the Future of U.S.-China Relations," remarks to the National Committee on U.S.-China Relations, New York, December 5, 2002.

13 〈包道格：兩岸應找到共通互利立場進行溝通〉，《中國時報》二〇〇二年十二月六日，版九。

14 當時的國防部副部長林中斌分析，小布希政府爲了維持台海現狀，採雙管齊下的方式，在強調美國絕不容忍中共對台用武的同時，也表達美國不支持甚至反對「台獨」。這就是「戰略清晰」。至於在中共武力威脅下，如何防禦台灣、用何防禦台灣、何時防禦台灣，美國保留戰術層次的模糊。也就是「戰術模糊」。請參閱：林中斌，〈美國台海政策雙重明確定調〉，《中國時報》二〇〇三年一月九日，版三。

15 U.S. Department of State, Office of International Information Programs, "U.S. and China Want Peaceful Resolution to North Korea's Nuclear Threat," Bush, Chinese President Jiang Zemin confer, meet press in Texas, Office of International Information Programs, October 25, 2002; Richard N. Haass, "China and the Future of U.S.-China Relations."

16 楊永明，〈包道格說出東亞走向——經濟優先〉，《聯合報》二〇〇二年九月二十七日，版十五。

17 〈包道格：忽視大陸 台灣經濟將邊緣化〉，《經濟日報》，二〇〇二年九月十九日，版五；〈包道格：台灣經濟對抗大陸 恐失商機〉，《聯合報》二〇〇二年九月十九日，版一；〈包道格言論 反映華府觀點〉，《中國時報》二〇〇二年九月二十四日，版三。

18 薄瑞光，〈美、中、台關係〉，二十九屆中美當代中國會議：「二〇〇〇年美中關係」研討會開幕式演講詞，二〇〇二年五月二十九日。

19 《中華民國八十九年國防報告書》，頁五三。

20 陳峰君編，《冷戰後亞太國際關係》，頁三六〇。

21 黃介正，〈台灣對於兩岸軍力對比及其挑戰的看法〉，收錄於《台灣有沒有明天？——台海危機美中台關係揭密》，頁三一七。

22 “Pentagon Warns of China Threat,” *CNN News*, July 13, 2002.

23 《中華民國八十九年國防報告書》，頁二九、五三。

24 Ross H. Munro, "Taiwan: What China Really Wants," *National Review*, October 11, 1999.

25 引自 Dean G. Acheson, 1969, *Present at the Creation, My Years in the State Department*, New York: W.W. Norton & Company, p. 423.

26 U.S. Department of State, 1976, “The Far East and Australasia,” *Foreign Relations of the United States* (FRUS) 1949, vol. VII, Washington DC: U.S. Government Printing Office, pp. 655-657, 835.

27 趙綺娜，一九八二，〈一九四〇年代。美國外交政策中的台灣戰略地位〉，《美國研究》十二卷一期，頁三一。

28 「花崗石二號」作戰計畫雖獲美國軍方肯定，但是由於麥克阿瑟將軍堅持不能繞過菲律賓，並迫使羅斯福總統接受，該計畫遂改爲後來美軍兩棲登陸雷伊泰灣的「金恩二號」作戰計畫。有關當時美軍高層運用台灣的戰略構想及決策的變更過程，請見：柯特勒（Thomas J. Cutler）著，易鶚譯，一九九五，《雷伊泰灣之戰：史上最大海戰》（*The Battle of Leyte Gulf*），台北：麥田出版社，頁三九～五三。

29 U.S. Department of Defense, *Annual Report on the Military Power of the People's Republic of China*, p. 27.

30 James E. Auer and Robyn Lim, 2001, “The Maritime Basis Of American Security In East Asia,” *Naval War College Review* LIV, no. 1.

31 Michael D. Swaine, “Taiwan Risks Getting In Over Its Head,” *Los Angeles Times,* April 24, 2001, A21.

32 黃介正，〈台灣對於兩岸軍力對比及其挑戰的看法〉，頁三三一。

33 The Atlantic Council of the United States, *Staying the Course: Opportunities and Limitations in U.S.-China Relations*, p. ix.

34 有部分中共學者認爲，在台灣問題上，美國並不希望台灣眞獨立，因爲對美國而言，台灣的作用就是讓中共不要出海和阻止日本南下，但同時美國也不想背台灣包袱，希望中共把台灣管住，又不要全受中共控制。該人士並認為美國會把台灣獨立的可能性進一步放大，一直放到「快獨沒獨」的狀態，藉此迫使中共對美國有所依賴。《聯合報》二〇〇二年五月八日，版二。

35 Bush, *The National Security Strategy of the United States of America*, p. 28.

36 General MacArthur, interview with G. Ward Price, *New York Times*, March 2, 1949, p. 22; quoted in Henry Kissinger, *Diplomacy*, p. 475.

37 Auer and Lim, "The Maritime Basis of American Security in East Asia."

38 Ibid.

第八章

1 Bush, *The National Security Strategy of the United States of America*, pp. 27-28.

2 "Military Analysis Superpower Suddenly Finds Itself Threatened by Sophisticated Terrorists," *New York Times*, October 14, 2000.

3 Gill, "U.S. Security Policy in the Asia-Pacific: Counter-terrorism, the QDR, and Beyond," p. 17.

4 Ibid.

5 Chien-peng Chung, "China's "War on Terror": September 11 and Uighur Separatism," *Foreign Affairs*, July/August 2002: 9-10.

6 〈反恐怖主義?中美合作提供新契機〉，《聯合早報》二〇〇一年九月二十七日。

7 〈上海合作組織正式成立〉，《聯合報》二〇〇一年六月十六日，版十一。

8 U.S. Department of State, 2002, *Patterns of Global Terrorism 2001*, Washington DC: U.S. Department of State, p. 63.

9 National Intelligence Council, 2001, *Foreign Missile Developments and the Ballistic Missile Threat Through 2015,* Unclassified Summary of a National Intelligence Estimate, Washington DC: Central Intelligence Agency (CIA).

10 The Atlantic Council of the United States, Committee on Security Issues in the U.S.-China Relationship, Policy Paper, *Staying the Course: Opportunities and Limitations in U.S.-China Relations*, Washington DC: The Atlantic Council of the United States,

September 2002, Appendix 3, pp. 27-28.

11 Gill, "U.S. Security Policy in the Asia-Pacific: Counter-terrorism, the QDR, and Beyond," pp. 16-17.

12 U.S. Department of State, *Patterns of Global Terrorism 2001*, p. 16.

13 U.S.-China Security Review Commission, *The National Security Implications of the Economic Relationship between the United States and China*, ch. 7.

14 U.S. Department of State's Office of International Information Progeam (IIP), "Treasury Dept. on Addition of ETIM to Terrorist List," *News Briefing*, September 12, 2002.

15 根據該決議，聯合國會員國將立即凍結該組織的資產，並禁止其國民或在其境內的人爲該組織提供任何資金或其他資源。

16 柯林頓，〈一九九八年六月十一日美國總統柯林頓談二十一世紀美中關係〉，台北：美國在台協會。

17 Bush, *The National Security Strategy of the United States of America*, p. 15.

18 U.S. Department of Defense, *Quadrennial Defense Review Report 2001*, p. 3.

19 Central Intelligence Agency, "Worldwide Threat-Converging Dangers in a Post 9/11 World," Written Testimony of George J. Tenet before the Senate Select Committee on Intelligence, February 6, 2002.

20 Ibid.

21 Bush, *The National Security Strategy of the United States of America*, p. 13.

22 *Department of Defense Dictionary of Military and Associated Terms*, p. 477.

23 U.S.-China Security Review Commission (UCSRC), *The National Security Implications of the Economic Relationship between the United States and China*, ch. 7.

24 "The Hidden Danger in China's New Missile Policy," *Strategic Forecasting* (Stratfor), August 27, 2002.

25 「飛彈技術管制協定」（MTCR）是根據飛彈科技供應國家自己的意願所組合的管制機制，協定本身不具國際條約的協議基礎。二〇〇二年時有三十三個國家志願簽署加入，不過中共並非該協定的會員國。該協定的主要目標是終止或減緩有能力將五百公斤以上酬載投射至三百公里以外的飛彈及無人駕駛的空中載具之擴散。會員國同意對兩種與飛彈發展、生產及作戰有關的外銷品項加以管制，此兩種品項爲：第一類是具有載重五百公斤和射程三百公里以上的所有飛彈及其相關零件、次系統的輸出。第二類是與射程達三百公里但是少於三百公斤的酬載有關的彈頭、重返大氣層載具、飛彈引擎、導引技術、推進燃料及飛彈和無人飛行載具等相關裝備與技術。請見：U.S. Department of Defense, *Proliferation: Threat and Response* , Washington DC: U.S. Department of Defense, January 2001, p. 118; Alex Wagner, 2001, “Washington to Sanction China, Pakistan for Missile Cooperation,” *Arms Control Today* 31, no. 7。另MTCR的詳細規定、限制與運作的分析，請參考：鄭端耀，一九九九，〈飛彈科技管制建制的運作與發展〉，《美歐季刊》十三卷四期，頁三五七～三九九。

26 核擴散的問題以及《禁止核擴散條約》（NPT）的相關規定與運作，請見：李登科、鄧中堅等編，一九九六，《國際政治》，台北：國立空中大學，頁一九六～一九八；鄭端耀，二〇〇〇，〈核不擴散建制的運作與發展〉，《問題與研究》三九卷四期，頁四一～七六。

27 柯林頓，〈一九九八年六月十一日美國總統柯林頓談廿一世紀美中關係〉。

28 Nonproliferation Center, Director of Central Intelligence, Central Intelligence Agency, *Unclassified Report to Congress on the Acquisition of Technology Relating to Weapons of Mass Destruction and Advanced Conventional Munitions, 1 January Through 30 June 2000*, Nonproliferation Center.

29 Alex Wagner, “Washington to Sanction China, Pakistan for Missile Cooperation.”

30 Rose Gordon, “China Issues Missile Export Controls,” *Arms Control Today* 32, no. 7。也可參見：克里斯多福·麥納利（Christopher A. McNally）、查理斯·摩利森（Charles E. Morrison）編，楊紫函等譯，二〇〇二，《二〇〇一亞太安全觀》（*Asia Pacific Security Outlook 2001*），台北：國防部史政編譯室，頁五〇。

31 J. Peter Scoblic, 2000, “China Issues Missile Export Pledge; U.S. Says It will Waive Sanctions,” *Arms Control Today* 30, no. 10.

32 當時美國柯林頓政府感於中共的「誠意」，曾表示不會對中共實施制裁，但對伊朗及巴基斯坦兩個輸入國實施制裁。相關的交涉過程請見：J. Peter Scoblic, “China Issues Missile Export Pledge; U.S. Says It Will Waive Sanctions.”

33 UCSRC, *The National Security Implications of the Economic Relationship between the United States and China*, ch. 7.

34 Sergei Troush, 1999, "China’s Changing Oil Strategy and its Foreign Policy Implications," Northeast Asian Policy Studies Working

Paper, Washington DC: The Brookings Institution.

35 John Calabrese, 1998, "China And The Persian Gulf: Energy Security," *Middle East Journal* 52, no. 3; Erica Strecker Downs, 2000, *China's Quest for Energy Security*, Santa Monica, CA: Rand, p. 52.

36 UCSRC, *The National Security Implications of the Economic Relationship between the United States and China*, ch. 7.

37 U.S. Department of Defense, *Proliferation: Threat and Response*, p. 18.

38 UCSRC, *The National Security Implications of the Economic Relationship between the United States and China*, ch. 7.

39 U.S. Department of Defense, *Proliferation: Threat and Response*, p. 8.

40 UCSRC, *The National Security Implications of the Economic Relationship between the United States and China*, ch. 2；〈中美之間有哪些共同利益?〉，中國網，二〇〇二年二月二十日。

41 Bush, *The National Security Strategy of the United States of America*, p. 28.

42 UCSRC, *The National Security Implications of the Economic Relationship between the United States and China*, ch. 2.

43 Ibid., ch. 2.

44 Ibid.

45 Ibid.

46 UCSRC, *The National Security Implications of the Economic Relationship between the United States and China*, ch. 2.

47 周煦，《冷戰後美國的東亞政策》，頁一六六。

48 International Trade Administration (ITA), U.S. Department of Commerce, "Top 50 Deficit Countries in U.S. Trade in 2001," *U.S. Aggregate Foreign Trade Data*, Table 13, U.S. Foreign Trade Highlights .

49 UCSRC, *The National Security Implications of the Economic Relationship between the United States and China*, ch. 2.

50 Ibid.

51 Ibid.

52 Pumphery, "Introduction," p. 13.

53 〈中美關係中的經濟和政治〉，《聯合早報》二〇〇一年七月四日。

54 Ibid.

55 Ibid.

56 所謂「強勢貨幣」是指可以迅速兌換成世界性強勢通貨的資金。請見：Goldstein, *International Relations*, p. 396.

57 UCSRC, *The National Security Implications of the Economic Relationship between the United States and China*, ch. 9.

58 Ibid., ch. 5.

59 〈援台抗共美百分之三十二贊成出兵〉，《聯合報》二〇〇二年十月五日，版十三。

60 "China's Military Modernization is Threat to Taiwan, Study Says," *The Wall Street Journal*, July 15, 2002.; "Panel: Toughen China Policy Beijing Makes Manufacturing Gains, Sees U.S. as Vulnerable," *Washington Post*, July 12, 2002.

61 U.S. Department of Defense, *Proliferation: Threat and Response*, p. 7。

62 U.S. Department of Defense, *Proliferation: Threat and Response*, p. 7。

63 楊永明，〈包道格說出東亞走向——經濟優先〉，《聯合報》二〇〇二年九月二十七日，版十五。

64 《中國時報》二〇〇二年五月三日，版十一。

65 June Teufel Dreyer, "China: A tale of two transitions," *Foreign Policy in Focus*, April 27, 2002.

66 美國國防大學編，高一中譯，二〇〇一，《中共崛起構成的挑戰：亞洲觀點》（*Asian Perspectives on the Challenges of China*），台北：國防部史政編譯局，頁一九四。

67 USCNS/21, *New World Coming: American Security in the 21st Century*, p. 76.

68 Energy Information Administration (EIA), Department of Energy, "China Country Analysis Brief."

69 經由東南亞地區的海上運輸，必須通過此區域三至四個海峽的其中之一：麻六甲海峽、巽他海峽、龍目海峽，或是東地汶東方的海峽。

70 相關分析請參閱：Energy Information Administration, "South China Sea Region," March 2002.

71 陳一新，一九九二，〈美國在「單極為主多極政經體系」中的新地位與新挑戰〉，《美國月刊》七卷二期，頁一三。

72 The Brookings Institution, 2002, *Northeast Asia Survey*, Washington, DC: The Brookings Institutio, p. 9.

73 “U.S. Concern Over China Missile Build-Up,” *CNN News*, April 18, 2002; Bill Gertz and Rowan Scarborough, “Inside the Ring,” *The Washington Times*, November 22, 2002.

74 Zalmay Khalilzad, et al., 1999, *The United States and a Rising China*, Santa Monica, CA: Rand, pp. 68-76.

75 Kenneth Lieberthal, 1995, “A New China Strategy: The Challenge,” *Foreign Affairs* 74, no. 6: 35-49.

76 David Shambaugh, 1996, “Containment or Engagement of China?” *International Security* 21, no. 2: 183.

77 主張圍堵者的論點，請見：Gerald Segal, 1996, “East Asia and the "constrainment" of China,” *International Security* 20, no. 4: 110; Gideon Rachman, 1996, “Containing China,”*Washington Quarterly* 19, no. 1: 125.

78 Shambaugh, “Containment or Engagement of China?” p. 184.

79 Segal, “East Asia and the "constrainment" of China,” pp. 120-121.

80 《聯合報》二〇〇二年二月十八日，版十三。

81 美國國務卿鮑爾二〇〇一年八月訪問澳洲時首次提出澳日美三邊同盟的構想，他認爲東亞地區可藉此強化同盟關係，對抗中共勢力的威脅。中共對此表示，美國若擴大在亞洲的安全網，目的是圍堵中共，同時趁機增強在西太平洋的軍力，因此大表不滿。請見〈日本澳洲南韓與美締安全聯盟？澳洲淡化〉，《聯合報》二〇〇一年八月一，版十一；《中國時報》二〇〇一年八月二十日，版十三。其實早在鮑爾強化與日本的軍事同盟關係之前，小布希政府即鼓勵日本修改其「和平憲法」，以使日本未來必要時成爲圍堵中共的有力幫手。請見《聯合報》，二〇〇一年五月二十日，版十五。

82 “China: Seeking Lost Influence,” *Strategic Forecasting* (Stratfor), January 30, 2002.

83 白邦瑞，《中共對未來安全環境的辯論》，頁一五。

84 同上註，頁八九～九〇。

85 楚樹龍，一九九九，〈中美關係推向險境〉，《世界知識》一九九九年十二期，頁九～一〇。

86 白邦瑞，《中共對未來安全環境的辯論》，頁八九～九一。

87 中共認爲美國未來對「華」政策底線是想癱瘓中共，即軍事上「癱瘓戰」的政治運用。《聯合報》二〇〇二年五月八日，版二。

88 《聯合報》二〇〇二年五月二十三日，版十三。

第九章

1 陸伯彬，〈美國針對中共武力犯台之前進部署與嚇阻〉，頁s4-1-c-1。

2 陳一新，二〇〇一，〈布希政府亞太戰略的構想與部署〉，《遠景季刊》，二卷四期，頁一一。

3 O'Hanlon, *Defense Policy Choices for the Bush Administration*, p. 8.

4 〈亞太軍力調整 美否認與中共有關〉，《聯合報》二〇〇二年四月二十八日，版三。

5 Cliff, Tangredi, and Wormuth, "The Future of U.S. Overseas Presence," p. 236.

6 由於航空母艦飛行甲板的面積爲四．五英畝半，故有此說法。

7 Michael R. Gordon, "U.S. Pilots in Gulf Use Southern Iraq for Practice Runs," *The New York Times*, November 3, 2002.

8 Ibid.

9 Congress, Senate, Committee on Armed Services, *Statement of Admiral Dennis C. Blair, U.S. Navy Commander in Chief U.S. Pacific Command before the Senate Armed Services Committee on Fiscal Year 2002*, 107th Congress Hearings, 1st session, March 27, 2001.

10 麥利凱，〈解放軍海軍針對台灣進行的軍事演習、準則與戰術〉，頁三〇一。

11 《聯合報》一九九一年十二月七日，版一。

12 forward presence一詞，美國國務院「國際信息局」譯爲「前沿駐防」，筆者直接爰引。

13 Shlapak, Orletsky, and Wilson, *Dire Strait*, p. 51.

14 麥利凱，〈解放軍海軍針對台灣進行的軍事演習、準則與戰術〉，頁三〇一～三〇二。

15 Shlapak, Orletsky, and Wilson, *Dire Strait*, p. 52.

16 王熙玲，二〇〇二，〈美海軍將如何介入未來台海衝突〉，《當代海軍》一〇六期，頁四。

17 Shambaugh, "A Matter of Time: Taiwan's Eroding Military Advantage," p. 132.

18 Shlapak, Orletsky, and Wilson, *Dire Strait*, pp. 44, 51-52.

19 麥利凱，〈解放軍海軍針對台灣進行的軍事演習、準則與戰術〉，頁三〇一～三〇二。

20 黃介正，二〇〇一，〈美國新政府對台軍售政策之思考方向〉，和平論壇「美國新政府人事布局與政策走向對兩岸關係之影響」座談會，頁二六。

21 中央研究院，一九八四，《中美關係報告（一九八一～一九八三）》，台北：中央研究院美國文化研究所，頁一〇一。

22 有關「六項保證」的詳細探述，請參考：陳一新，《斷交後的中美關係》，頁二三七～二三八。

23 The Atlantic Council of the United States, *Staying the Course: Opportunities and Limitations in U.S.-China Relations*, pp. 27-30.

24 U.S. Department of Defense, *Annual Report on the Military Power of the People's Republic of China*, pp. 51-52.

25 黃介正，〈美國新政府對台軍售政策之思考方向〉，頁二六。

26 張德方譯，〈美國海軍未來在太平洋擔負的任務與角色〉，頁一〇。

27 Michael D. Swaine, 1999, *Taiwan's National Security, Defense Policy, and Weapons Procurement Processes*, Santa Monica, CA: Rand, p. 53.

28 U.S. Department of Defense, *The Security Situation in the Taiwan Strait.*

29 〈包道格：不賣神盾 因台灣沒有三軍聯合作戰能力〉，《聯合報》二〇〇二年九月二十七日，版二。

30 夏立平，二〇〇一，〈美台軍事關係發展述評〉，《國際問題研究》二〇〇一年四期，頁三九。

31 《自由時報》二〇〇二年二月十九日，版三3。

32 夏立平，〈美台軍事關係發展述評〉，頁三九。

33 〈美參謀首長聯席會議官員首次來台對話〉，《聯合報》二〇〇二年四月十八日，版三。

34 該四艘軍艘分別是DDG993紀德號（Kidd）、DDG994卡拉漢號（Callaghan）、DDG995史考特號（Scott），以及DDG996錢德樂號（Chandler）。請見：《中國時報》二〇〇二年九月二十九日，版十一。

35 《聯合報》二〇〇二年四月十八日，版三；《中國時報》二〇〇二年八月十二日，版二；另外根據中共中新社的報導，台灣漢光十八號演習時，美軍太平洋作戰司令部曾派遣將領赴台灣參觀兵棋推演。請見：《中新社》二〇〇二年四月十九日。

36 薄瑞光，〈美國在亞太區域安全的角色〉，「亞太安全論壇會議」演講詞，一九九九年十二月二十七日。

37 楊永明，二〇〇一，〈美國新政府人事布局與政策走向對兩岸關係之影響——對台軍售層面〉，和平論壇「美國新政府人事布局與政策走向對兩岸關係之影響」座談會，頁二〇。

38 周煦，《冷戰後美國的東亞政策》，頁一九五。

39 U.S. Department of State, 1949, "The Far East and Australasia," *Foreign Relations of the United States* (FRUS), vol. VII, pp. 655-657.

40 林正義，《台灣安全三角習題中共與美國的影響》，頁二一二。

41 Zbigniew Brzezinski, 1985, *Power and Principle*, New York: Farrar, Straus and Giroux, p. 218; AnnexI, p.2.

42 Shambaugh, "A Matter of Time: Taiwan's Eroding Military Advantage," p. 128; "Taiwan Asks U.S. to Let It Obtain Top-Flight Arms," *The New York Times*, March 1, 2000;〈TMD台灣是否加入美國大戰略政治考量才是關鍵〉，《聯合報》一九九九年一月十八日，版四。

43 〈兩國論後 看台美軍事關係〉，《中國時報》一九九九年九月六日，版九。

44 《聯合報》二〇〇一年七月十九日，版四；二〇〇一年七月二十日，版三。

45 〈兩國論後 看台美軍事關係〉，《中國時報》一九九九年九月六日，版九。

46 報告中最重要者爲美國國防部指出台海若發生戰爭，美國的目標是：如果中共真的對台動武，美國應使台灣有能力「即使沒有外援也能自保」；或者退一步，「有能力自保至外援抵達」；如果美國一旦決定介入，台灣和美軍聯手須可擊敗中共。劉屛，〈美國國防部：台美聯軍須有能力擊敗中共〉，《中國時報》二〇〇〇年十二月二十日，版一；〈美將確保中國武力犯台失敗〉，《自由時報》二〇〇〇年十二月二十日，版一。

47 該條文爲具有強制力的條文，明訂「對台灣轉移軍備及相關服務時，應視台灣爲一九六一年外援法六四四節所稱之非北約主要盟國。」請見：Congress, Senate and House of Representatives, *Foreign Relations Authorization Act, Fiscal Year 2003*, H. R.

1646, Senate and House of Representatives, 107th Congress, 2nd session, January 23, 2002.

48 劉屛，〈美國國會通過外交授權法案 台美軍事關係可望強化〉，《中國時報》二〇〇二年九月三十三日，版一。

49 U.S. Joint Chiefs of Staff, *Doctrine for Joint Operations*, p. VI-1.「聯盟」（alliances）作戰是指美國與盟邦之間的共同軍事行動，例如北約盟邦轟炸南斯拉夫行動；「聯盟」作戰則包括盟邦或非盟邦，爲了達成共同的目標，經過「特殊協議」採取一致的軍事行動，例如，波灣戰爭。

50 〈兩國論後 看台美軍事關係〉，《中國時報》一九九九年九月六日，版九。

51 楊永明，〈台美軍事同盟?言過其實〉，《中國時報》二〇〇二年十月一，版十五。

52 〈傅立民：美不應將台灣納入ＴＭＤ〉，《聯合報》二〇〇一年六月二十日，版十一。

53 George W. Bush, "Statement by The President," Washington DC: The White House, Office of the Press Secretary, September 30, 2002.

54 Congress, House, Committee on Armed Services, *National Defense Authorization Act for Fiscal Year 2003*, H. R. 4546, House of Representatives, 107th Congress, 2nd session, November 2002, p.284.

55 劉屛，〈美眾院通過法案 要求研究美台聯合作戰演訓可行性〉，《中國時報》二〇〇二年十一月十四日，版九。最後的版本把眾院原條款改爲「在法律生效後一百八十天內，總統應就美國與台灣舉行協同作戰訓練、將官交流的可行性與合理性，及美國履行對台安全義務的進展提出報告」。

56 U.S. Department of Defense, *Quadrennial Defense Review Report 2001*, p. 15.

57 Ibid., p.33.

58 伍爾澤認爲美國基於外交政策的考量，很可能限制眞實的美台軍事演習。請見：伍爾澤，〈美國對東亞的國防安全戰略〉，頁s5-1-c-6。

59 聯合作戰簡單地說，是指兩個或兩個以上的軍種，由單一的指揮官計畫和統一指揮，執行軍事行動。這位指揮官只接受聯合作戰指揮體系內的上級（如國防部長）直接指揮與管制、達成被賦予的任務目標。其原屬的軍種無權、也不得對該指揮官施行指揮管制權。台灣的軍隊目前仍是由各軍種總部在參謀本部指導下，負責計畫、準備與執行制空、制海、反登陸作戰；執行任務時，各軍種仍只接受所隸屬軍種作戰司令部的作戰指揮與管制，形成美方所謂的「三軍各行其事」的現象，因此並不符美軍聯合作戰的精神。有關美軍聯合作戰的要義、機制以及台灣推行聯合作戰制度所面臨的問題，請見：張德方，二〇〇一，〈從美軍聯合作戰指揮機制探討我聯合作戰精進之道〉，《國家安全與軍事戰略研究》二卷四期，頁一〇五、一〇八～一二四。

60 伍爾澤，〈美國對東亞的國防安全戰略〉，頁s5-1-c-5。

61 U.S. Joint Chiefs of Staff, *Doctrine for Joint Operations*, pp. VI-1— VI-3.

62 〈兩國論後 看台美軍事關係〉，《中國時報》一九九九年九月六日，版九。

63 William J. Perry, 1996, *Annual Report to the President and the Congress*, Washington DC: Department of Defense, p. viii.

64 Ibid.

65 Haass, *Intervention*, p. 164.

66 Scobell, *Show of Force*, p. 5.

67 Haass, *Intervention*, pp. 162-163.

68 卡特，裴利，《預防性防禦：後冷戰時代美國的新安全觀念》，頁一四五～一四六。

69 Haass, *Intervention*, p. 164.

70 陸伯彬，〈美國針對中共武力犯台之前進部署與嚇阻〉，頁s4-1-c-1。

71 William S. Cohen, *Annual Report to the President and Congress 2000*, Washington DC: U.S. Department of Defense, p. 4.

72 Flournoy and McKenzie, “Sizing Conventional Forces: Criteria and Methodology,” p. 173.

73 John H. Dalton, “The Role of Forward Presence,” address for American University, February 10, 1997.

74 Roger Cliff, Sam J. Tangredi, and Christine E.Wormuth, “The Future of U.S. Overseas Presence,” p. 236.

75 翁明賢編，《未來台海衝突中的美國》，頁一二五。

76 Bush, *The National Security Strategy of the United States of America*, p. 29.

77 U.S. Department of Defense, *Quadrennial Defense Review Report 2001*, pp. 26-27.

78 明居正，〈美國，中共與日本的戰略關係與台海風雲〉，頁一八四～一八五。
79 陸伯彬，〈美國針對中共武力犯台之前進部署與嚇阻〉，頁s4-1-c-5。

第十章

1 美國國防大學編，《中共崛起構成的挑戰：亞洲觀點》，頁五二。
2 張德方譯，〈美國海軍未來在太平洋擔負的任務與角色〉，頁一〇。
3 Hornbarger and Kearn, ed., *National Strategies and Capabilities for a Changing World*, pp. 27-28.
4 周煦，〈美國府會軍事權力的爭辯：以布希政府出兵波斯灣爲例〉，頁一九六。
5 《聯合報》一九九九年十二月九日，版一。
6 民主進步黨，一九九九，《國防政策白皮書》，台北：民主進步黨國家安全小組，頁七四。
7 國防部，《中華民國九十一年國防報告書》，頁七九。
8 Shlapak, Orletsky, and Wilson, *Dire Strait*, p. 54.
9 美國國防大學編，《中共崛起構成的挑戰：亞洲觀點》，頁五三。
10 未來中共一旦犯台，如果美軍必須直接介入協助台灣防衛，根據二〇〇〇蘭德公司模擬的想定，有六種可能的行動選項：一、不介入；二、派遣一支航母戰鬥群在台灣東部海域支援；三、以駐在琉球嘉手納基地一支擁有七十二架F-15戰機的空軍戰鬥機聯隊參戰；四、一支航母戰鬥群加一個F-15聯隊；五、兩個航母戰鬥群；六、兩個航母戰鬥群加一個F-15聯隊。參見：Shlapak, Orletsky, and Wilson, *Dire Strait*, p. 17。該研究報告是由美國空軍資助作爲決策參考，以支援台灣爭取空優爲研究重點。想定的衝突設定在二〇〇五年。
11 Hornbarger and Kearn, ed., *National Strategies and Capabilities for a Changing World*, p. 27.
12 王熙玲，〈美海軍將如何介入未來台海衝突〉，頁五。
13 U.S. Department of Defense, *Quadrennial Defense Review Report 2001*, p. 3.
14 Christensen, "2001-2002 Northeast Asia: China," p. 52.

15 王熙玲，〈美海軍將如何介入未來台海衝突〉，頁五。

16 Shlapak, Orletsky, and Wilson, *Dire Strait*, p. 54.

17 Haass, *Intervention*, p. 52.

18 Henry A. Kissinger, "Iraq Is Becoming Bush's Most Difficult Challenge," *Chicago Tribune*, August 11, 2002.

19 《中國時報》，二〇〇二年八月二十三日，版十五。

20 U.S. Department of Defense, *Annual Report on the Military Power of the People's Republic of China*, p. 7.

21 請參考：紀德，《防止戰爭：美國應採取的新戰略》，頁一三〇。

22 〈美日飛彈防禦系統 對象是中共〉，《聯合報》二〇〇二年七月二十二日。

23 Patrick E. Tyler, "As China Threatens Taiwan, It Makes Sure U.S. Listens," *The New York Times*, January 24, 1996, p. A1; Maria La Ganga, "Dole Blasts Administration over Missile Defense Needs," *The Los Angeles Times*, June 19, 1996, p. A -1.

24 Tkacik, Hwang, and Dillon, "Asian Security, Helping to Assure Peace in the Pacific," p. 281.

25 張大銘，〈中國未來十年犯台軍事整備〉，頁一〇五。

26 David A. Shlapak, David T. Orletsky, and Barry A. Wilson, *Dire Strait*, p. 54.

27 「優勢機動」是指美軍陸海空部隊以決定性的速度與壓倒性的「作戰節奏」獲得時間與空間上的優勢，克敵致勝；「遠距精準接戰」是發現敵目標並追蹤鎖定後，運用並整合適切的武器系統，創造預期的效果。請見：U.S Joint Chiefs of Staff, 2000, *Joint Vision 2020*, Washington DC: U.S. Government Printing Office, pp. 26-29.

28 蘭德公司根據幾次兵棋推演的結果，美軍如果以兩支航空母艦戰鬥群在台灣東部海域執行任務，即便中共出動其最精良的現代級驅逐艦與基洛級（Kilo-class）潛艦，其行動都將被遏制；歐漢隆則認爲以美國三至四個航母戰鬥群的優勢，美國有足夠的能力因應危機。參見：Shlapak, Orletsky, and Wilson, *Dire Strait*, p. 43; Hornbarger and Kearn, ed., *National Strategies and Capabilities for a Changing World*, pp. 27-28.

29 張德方譯，〈美國海軍未來在太平洋擔負的任務與角色〉，頁一〇。

30 Ibid., p. 11。

31 張大銘，〈中國未來十年犯台軍事整備〉，頁一〇四。

32 夏小明，一九九九，《冷戰後的美國戰略》，北京：國防大學出版社，頁二〇七～二〇九。

33 Christensen, "2001-2002 Northeast Asia: China," p. 52.

34 張德方譯，〈美國海軍未來在太平洋擔負的任務與角色〉，頁一〇。

35 張大銘，〈中國未來十年犯台軍事整備〉，頁一〇五。

36 白邦瑞，《中共對未來安全環境的辯論》，頁三二二。

37 國防部，《中華民國九十一年國防報告書》，頁四八。

38 《聯合報》二〇〇一年八月二日，版四；〈共軍東山島演訓 航艦列假想敵〉，《中國時報》二〇〇一年八月二十二日，版三。

39 Edwaed Timperlake and William C. Triplett II, 1999, *Red Dragon Rising: Communist China's Military Threat to America*, Washington DC: Regnery, pp. 166-167.

40 Hornbarger and Kearn, ed., *National Strategies and Capabilities for a Changing World*, pp.27-28.

41 Zalmay Khalilzad, David Orletsky, and Jonathan Pollack, 2001, "Implications for the Miiitary and USAF: The Challenges of Change," in *The United States and Asia: Toward a New U.S. Strategy and Force Posture*, Santa Monica, CA: Rand, p. 68.

42 Khalilzad, Orletsky, and Pollack, "Implications for the Military and USAF: The Challenges of Change," p. 68, fn. 11.

43 Ibid., p. 69.

44 Ibid., p. 70.

45 Ibid., p. 73.

46 美、日所謂的「周邊事態」，是指「事態的」而非「地理的」。日本協助美軍的合作基於兩大前提：一是必須該事態對於日本安全有重要影響，二是協助美國的軍事行動。至於何種事態日本會提供美軍協助，以及事態發生的地區的認定，決定權主要在於美國。美日政府可在救難活動、難民處理、搜索與救難、國民與非戰鬥人員的撤離以及配合聯合國經濟制裁活動等項目共同或自行採取行動，而日本應在設施的使用及後方支援兩方面支援美軍。在美日行動的合作方面，日本防衛隊將負責諸如情報蒐集、監偵與掃雷，以及確保海上航行安全的任務。美國將負責採取行動以恢復日本周邊的和平與穩定。值得注意的，上述日本的支援，可能是在日本領土、領海或甚至公海之上，其先決條件是都必須在戰爭區域之外。如果日本介入參與相關行動，必須基於該事件直接或間接影響日本安全，且自衛隊行動必須在日本領土、領海和公海進行，並完全屬於自衛性質。請參考：“Completion of the Review of the Guidelines for U.S.-Japan Defense Cooperation,” Defense Link, U.S Department of Defense.

47 《聯合報》二〇〇一年七月一日，版十一。

48 《中國時報》二〇〇一年十月三十日，版十二。

49 〈日內閣通過「有事法制」三法案〉，《中國時報》二〇〇二年四月十七日，版十；〈小泉不認爲中共會犯台〉，《聯合報》二〇〇二年五月八日，版十三。

50 林正義，〈美國出兵台灣海峽及其限制〉，頁二六九。

51 同上註，頁二六四。

52 黃介正，〈台灣對於兩岸軍力對比及其挑戰的看法〉，頁三二八。

53 張德方譯，〈美國海軍未來在太平洋擔負的任務與角色〉，頁一一。

54 同上註，頁一〇。

55 Morishiro Hosokawa, 1998,“Are U.S. Troops in Japan Needed?” *Foreign Affairs* 77, no.2: 5.

56 林正義，〈美國出兵台灣海峽及其限制〉，頁二六九。

57 Auer and Lim, “The Maritime Basis of American Security in East Asia.”

58 Phil Revzin, 2000, “Lee: The Cruel Game,” *Far Eastern Economic Review* 163, iss. 23: 17.

59 《聯合報》二〇〇一年八月十八日，版十三。

60 同上註。

61 Bernard D. Cole, “The Modernizaing people’s Liberation Army –Navy (PLAN) and Taiwan’s Security.” Paper presented at the International conference on Taiwan’s Security and Sea Power, Taiwan Defense Affairs, Taipei, 11 Janurary 2002, p. 33.

62 Khalilzad, Orletsky, and Pollack, "Implications for the Military and USAF: The Challenges of Change," p. 70.

63 《聯合報》一九九七年七月二十九日，版二。

64 Angel Rabasa, 2001, "The Changing Political-Military Environment: Southeast Asia," in *The United States and Asia: Toward a New U.S. Strategy and Force Posture*, Santa Monica, CA: Rand.

65 〈空權限制性的再評估〉，《解放軍報》一九九一年一月二十五日，版三。

66 國防部，《中華民國九十一年國防報告書》，頁五五。

67 《中國時報》一九九九年十二月二十六日，版十一。

68 Robert S. Mcnamara, 1995, *In Retrospect: The Tragedy and Lessons of Vietna* , NY: Random House, p. 330.

69 白邦瑞，《中共對未來安全環境的辯論》，頁二一一。

70 《中國時報》一九九九年十二月二十六日，版十一。

71 喬良、王湘穗，一九九九，《超限戰》，北京：解放軍文藝出版社，頁一九六。

72 甘迺迪，《霸權興衰史》，頁五三六。

73 同上註，頁五三六～五三七。

74 "Rumsfeld: U.S. Would Aim to Finish It Fast in Iraq," *The New York Times*, November 14, 2002.

75 亓樂義，〈確保兩岸不衝突，是美最高原則〉，《中國時報》一九九九年四月一日。

76 〈兩國論後 看台美軍事關係〉，《中國時報》一九九九年九月六日，版九。

77 台灣智庫研究員、中國時報副總編輯郭崇倫曾就台海衝突的「兵棋推演」做了「虛擬實境」的假想定：「美國小鷹號航母在台灣的期待下，到達東北外海，台灣發現由一艘兩棲登陸艦與兩艘神盾艦組成的特遣艦隊進入台灣水域，傳遞的訊息竟是『已與北京協調，將停火三天，準備撤出美僑，以及其他北約盟國僑民』。」筆者認為該想定頗為臨眞，值得參考。請見：郭崇倫，〈政軍兵推 虛擬戰爭實境〉，《中國時報》二〇〇二年十二月二日，版二。

78 有關「風險理論」與「風險社會」的探討，請見：張亞中，二〇〇二，〈中共的強權之路：地緣政治與全球化的挑戰〉，《遠景季刊》三卷二期，頁八～九、二九。

79 美國貿易代表在回答中共外經貿部長石廣生詢問是否與台灣洽簽FTA時曾明確表示：「短期沒有要與台灣洽簽的可能性」。請見：《工商時報》二〇〇二年十二月五日，版一；《工商時報》，二〇〇二年十一月二十二日，版三。

80 佩司特，《二十世紀之旅：七大強權如何塑造二十世紀》，頁九二。

81 〈包道格：兩岸應找到共通互利立場進行溝通〉，《中國時報》二〇〇二年十二月六日，版九。

82 「納許均衡」的概念在於證明「非零和的不合作賽局」當中，一定有「均衡」解存在，只要對手的策略確定，競爭者就可以有最適反應；而當一組策略是互爲最適反應時，就是「納許均衡」。請見：巫和懋、夏珍，二〇〇二，《賽局高手：全方位策略與應用》，台北：時報出版社，頁三四。

83 Richard N. Haass, "China and the Future of U.S.-China Relations," remarks to the National Committee on U.S.-China Relations, New York, New York, December 5, 2002.

84 〈包道格：兩岸應找到共通互利立場進行溝通〉，《中國時報》二〇〇二年十二月六日，版九。

85 U.S. Department of State, Office of International Information Programs, "U.S. and China Want Peaceful Resolution to North Korea's Nuclear Threat," Bush, Chinese President Jiang Zemin confer, meet press in Texas, Office of International Information Programs, October 25, 2002.

86 時殷弘，二〇〇〇，〈關於台灣問題的幾項必須正視的戰略問題〉，《戰略與管理》二〇〇〇年二期，頁三〇。

87 陸伯彬，〈美國針對中共武力犯台之前進部署與嚇阻〉，頁 s4-1-c-9。

參考資料

一、中文部分

丁守中，二〇〇一，〈美國新戰略 武裝台灣上前線〉，《聯合報》二〇〇一年五月二十七日，版十五。

丁樹範，一九九〇，〈波斯灣戰爭對中共解放軍的影響〉，《中國大陸研究》三四卷十二期，頁二七~三六。

丁樹範，一九九六，《中共軍思想的發展一九七八~一九九一》，台北：唐山出版社。

中央研究院，一九八四，《中美關係報告（一九八一~一九八三）》，台北：中央研究院美國文化研究所，頁一〇一。

中共國務院台灣事務辦公室，二〇〇〇，《一個中國的原則與台灣問題》，北京：國務院台灣事務辦公室。

中華人民共和國外交部編，二〇〇二，《中國外交——二〇〇二年版》，北京：中華人民共和國外交部。

亓樂義，一九九九，〈確保兩岸不衝突，是美最高原則〉，《中國時報》一九九九年四月一日。

王俊彥，一九九六，《警惕日本——昨日的侵略與今日的擴張》，北京：出版社不詳，轉引自「木子書屋」電子書。

王普豐，一九九八，〈資訊作戰之挑戰〉，收錄於白邦瑞（Michael Pillsbury）編、三軍大學譯《中共未來的戰爭觀——中共國防大學論文集》（Chinese Views of Future Warefare），台北：三軍大學。

王熙玲，二〇〇二，〈美海軍將如何介入未來台海衝突〉，《當代海軍》一〇六期，頁四~五。

加迪司（John Lewis Gaddis）著，三軍大學譯，一九八五，《美國圍堵戰略（上冊）》（*Strategies of Containment*），台北：三軍大學。

卡特（Ashton B. Carter）、裴利（William J. Perry）著，許綬南譯，二〇〇〇，《預防性防禦：後冷戰時代美國的新安全觀念》（Preventive Defense: A New Security Strategy for America），台北：麥田出版社。

左峻德、朱正中，一九九八，〈東亞金融危機對我國之影響及因應對策〉，《經濟情勢暨評論季刊》三卷四期。

民主進步黨，一九九九，《國防政策白皮書》，台北：民主進步黨國家安全小組。

甘迺迪（Paul Kennedy）著，張春柏等譯，一九九五，《霸權興衰史》（*The Rise and Fall of the Great Powers: Economic Change and Military Conflict from 1500 to 2000*），台北：五南出版社。

白邦瑞（Michael Pillsbury）著，高一中譯，二○○一，《中共對未來安全環境的辯論》（*China Debates the Future Security Environment*），台北：國防部史政編譯局。

白禮博（Richard Bernstein）、孟儒（Ross H. Munro）著，許綬南譯，一九九七，《即將到來的中美衝突》（*The Coming Conflict with China*），台北：麥田出版社。

伍爾澤（Larry M. Wortzel），〈美國對東亞的國防安全戰略〉，亞太情勢發展學術 研討會，淡江大學美國研究所主辦。

共黨問題研究叢書編輯委員會，一九八九，《中共「一國兩制」的理論與實際》，台北：共黨問題研究中心。

曲明，一九九五，《二○一○年兩岸統一：中共邁向海權時代》，台北：九儀出版社。

江澤民，二○○二，《江澤民同志在黨的十六大上所作報告》，中共外交部。

克里斯多福・麥納利（Christopher A. McNally）、查理斯・摩利森（Charles E. Morrison）編，楊紫函等譯，二○○二，《二○○一亞太安全觀》（*Asia Pacific Security Outlook 2001*），台北：國防部史政編譯室。

吳溫暖，一九九七，〈高技術條件下攻擊重心選擇新探〉，《現代軍事》一九九七年七期，頁二四～二五。

宋燕輝，一九九六，〈中共對台實施海上封鎖之可能與國際法相關問題〉，《問題與研究》三五期四卷，頁七～一五。

巫和懋、夏珍，二○○二，《賽局高手——全方位策略與應用》，台北：時報出版社。

李登科、鄧中堅等編，一九九六，《國際政治》，台北：國立空中大學。

李際均，一九七七，《軍事戰略思維》，北京：軍事科學出版社。

沈貴寬，〈以寡克眾的辯證法〉，收錄於白邦瑞（Michael Pillsbury）編、三軍大學譯《中共未來的戰爭觀——中共國防大學論文集》（*Chinese Views of Future Warefare*），台北：三軍大學。

亞當斯（James Adams）著，張志誠譯，一九九九，《下一次世界大戰》（*The Next World War*），台北：新新聞文化。

佩司特（Rober A. Pastor）著，董更生譯，二○○○，《二十世紀之旅：七大強權如何塑造二十世紀》（*A Century's Journey-How the Great Powers Shape the World*），台北：聯經出版社。

周煦，一九九三，《聯合國與國際政治》，台北：黎明文化。
周煦，一九九九，《冷戰後美國的東亞政策（一九八九-一九九七）》，台北：生智文化公司。
周煦，二〇〇〇，〈聯合國集體安全與維持和平之演變〉，《淡江人文社會學刊》五十週年校慶特刊，頁一四三～一九一。
周煦，二〇〇一，《冷戰後美國的中東政策（一九八九～二〇〇〇）》，台北：五南出版社。
周煦，二〇〇一，〈美國府會軍事權力的爭辯：以布希政府出兵波斯灣為例〉，收錄於裘兆琳編《後冷戰時期美國海外出兵案例研究》，頁九九～一八一，台北：中央研究院歐美研究所。
周煦，二〇〇一，〈美國圍堵中共 升高兩岸緊張情勢〉，《聯合報》二〇〇一年五月二十日，版十五。
忝良、王湘穗，一九九九，《超限戰》，北京：解放軍文藝出版社。
明居正，一九九七，〈美國，中共與日本的戰略關係與台海風雲〉，收錄於許光泰編《香港回歸與大陸變局》，頁一七一～一九五，台北：政治大學國際關係研究中心。
林中斌，二〇〇三〈美國台海政策 雙重明確定調〉，《中國時報》二〇〇三年一月九日，版三。
林正義，一九八九，《台灣安全三角習題：中共與美國的影響》，台北：桂冠出版社。
林正義，二〇〇一，〈美國出兵台灣海峽及其限制〉，收錄於裘兆琳編《後冷戰時期美國海外出兵案例 研究》，頁二三九～二七一，台北：中央研究院歐美研究所。
邱坤玄，一九九二，〈蘇聯變局後美國與中共的關係〉，《美國月刊》七卷一期，頁四〇～四五。
柯林頓，一九九八，〈談二十一世紀美中關係〉，台北：美國在台協會。
柯林頓，一九九九，〈有關美國中國政策演講詞〉，台北：美國在台協會。
柯特勒（Thomas J. Cutler）著，易鶚譯，一九九五，《雷伊泰灣之戰：史上最大海戰》（*The Battle of Leyte Gulf*），台北：麥田出版社。
紀德（Jack Kidd）著，楊連仲等譯，二〇〇一，《防止戰爭：美國應採取的新戰略》（*Prevent War: A New Strategy for America*），台北：國防部史政編譯局。
約瑟夫・奈伊（Joseph Nye Jr.）著，蔡東杰譯，二〇〇二，《美國霸權的矛盾與未來》（The Paradox of American Power: Why

The World's Only Superpower Can' t Go It Alone），台北：左岸文化。
美國國防大學編，高一中譯，二〇〇一，《中共崛起構成的挑戰：亞洲觀點》（*Asian Perspectives on the Challenges of China*），台北：國防部史政編譯局。
夏小明，一九九九，《冷戰後的美國戰略》，北京：國防大學出版社，頁二〇七-二〇九。
夏立平，二〇〇一，〈美台軍事關係發展述評〉，《國際問題研究》二〇〇一年四期，頁三九～四五。
時殷弘，二〇〇〇，〈關於台灣問題的幾項必須正視的戰略問題〉，《戰略與管理》二〇〇〇年二期，頁二七～三二。
海頓道夫（John B. Hattendorf）編，朱成祥譯，一九九四，《歷史對馬漢的影響》（*The Influence of History on Mahan*），台北：海軍學術月刊社。
翁明賢編，一九九八，《未來台海衝突中的美國》，台北：麥田出版社。
馬西拉（Gabriel Marcella），二〇〇一，〈國家安全與政府各機構之間的運作關係〉，收錄於佘拉米（Joseph R. Cerami）等編、高一中譯《美國陸軍戰爭學院戰略指南》（*U.S. Army War College Guide to Strategy*），台北：國防部史政編譯局。
國防部，二〇〇〇，《中華民國八十九年國防報告書》
國防部，二〇〇二，《中華民國九十一年國防報告書》。
張大銘，〈中國未來十年犯台軍事整備〉，收錄於李潔明（James R. Lilly）等編、張同瑩等譯《台灣有沒有明天？——台海危機美中台關係揭密》（*Crisis in the Taiwan Strait*），頁九一～一一四，台北：先覺出版社。
張中勇，一九九九，〈中共軍事事務革命與台海安全〉，《戰略與國際研究》，一卷三期，頁一一五～一六二。
張亞中，二〇〇二，〈中共的強權之路：地緣政治與全球化的挑戰〉，《遠景季刊》三卷二期，頁一～四二。
張明睿，一九九八，《中共國防戰略發展》，台北：洪葉文化公司。
張雅君，一九九二，〈理想主義下布希對中共政策的困境〉，《美國月刊》七卷一期，頁四六～五七。
張農科，一九九九，〈中國空軍由防空型向攻防兼備型轉變〉，《紫荊雜誌》一九九九年十一月號，頁九。
張德方，二〇〇一，〈從美軍聯合作戰指揮機制探討我聯合作戰精進之道〉，《國家安全與軍事戰略研究》二卷四期，頁一〇三～一四八。

張德方，二〇〇二，〈波灣戰爭美國的戰爭指導〉，《國防雜誌》一八卷四期，頁二二～三四。

張德方，二〇〇二，〈馬漢戰略思想之研究〉，《海軍學術月刊》三六卷十二期，頁四～二一。

張德方譯，〈美國海軍未來在太平洋擔負的任務與角色〉（Future U.S. Naval Roles and Missions in the Pacific），《海軍學術月刊》三五卷三期，頁四～一五。

張曉明，一九九八，〈高技術局部戰爭的初戰觀〉，《現代軍事》一九九八年十二期，頁二七～二八。

郭崇倫，二〇〇二，〈政軍兵推 虛擬戰爭實境〉，《中國時報》二〇〇二年十二月二日，版二。

陳一新，一九九二，〈美國在「單極為主多極政經體系」中的新地位與新挑戰〉，《美國月刊》七卷二期，頁四～一六。

陳一新，一九九五，《斷交後的中美關係》，台北：五南圖書出版公司。

陳一新，二〇〇一，〈布希政府亞太戰略的構想與部署〉，《遠景季刊》，二卷四期，頁一～二七。

陳文賢，一九九七，〈美國與中共戰略互動下的台灣安全：一九七〇年代以來的觀察〉，《問題與研究》三六卷六期，頁二～九。

陳峰君編，一九九九，《冷戰後亞太國際關係》，北京：新華出版社。

陳毓鈞，一九九五，〈台海危機與美國干預〉，《美國月刊》十卷一期，頁四～二三。

陳毓鈞，二〇〇二，〈北京審慎因應美單邊主義〉，《中國時報》二〇〇二年九月十九日，版十五。

陸伯彬（Robert S. Ross），二〇〇二，〈美國針對中共武力犯台之前進部署與嚇阻〉（*U.S. Forward Presence and Deterrence of Chinese Use of Force Against Taiwan*），亞太情勢發展學術研討會，淡江大學美國研究所主辦。

麥利凱（Eric A. McVadon），〈解放軍海軍針對台灣進行的軍事演習、準則與戰術〉，收錄於《台灣有沒有明天？——台海危機美中台關係揭密》（*Crisis in the Taiwan Strait*），頁二八四～三一一，台北：先覺出版社。

傅高義（Ezra F. Vogel）編，吳福生譯，《二十一世紀的美國與中共關係》（*Living with China: U.S.-China Relations in the Twenty-First Century*），台北：國防部史政編譯局。

費學禮（Richard D. Fisher, Jr.），一九九九，〈中國飛彈飛越台灣海峽的政治與軍事評估〉，收錄於《台灣有沒有明天？——台海危機美中台關係揭密》（*Crisis in the Taiwan Strait*），頁二〇三～二四六，台北：先覺出版社。

鈕先鍾，一九七七，《大戰略漫談》，台北：華欣出版社。
黃介正，〈台灣對於兩岸軍力對比及其挑戰的看法〉，收錄於《台灣有沒有明天？——台海危機美中台關係揭密》（*Crisis in the Taiwan Strait*），頁二一三～二三一，台北：先覺出版社。
黃介正，二〇〇一，〈美國新政府對台軍售政策之思考方向〉，和平論壇「美國新政府人事布局與政策走向對兩岸關係之影響」座談會，台灣綜合研究院戰略與國際研究所主辦。
楊永明，二〇〇一，〈美國新政府人事布局與政策走向對兩岸關係之影響——對台軍售層面〉，和平論壇「美國新政府人事布局與政策走向對兩岸關係之影響」座談會，台灣綜合研究院戰略與國際研究所主辦。
楊永明，二〇〇二，〈包道格說出東亞走向——經濟優先〉，《聯合報》二〇〇二年九月二十七日，版十五。
楊永明，二〇〇二，〈台美軍事同盟？言過其實〉，《中國時報》二〇〇二年十月一日，版十五。
楚樹龍，一九九九，〈中美關係推向險境〉，《世界知識》一九九九年十二期。
裘兆琳，二〇〇一，〈美國出兵索馬利亞之決策分析〉，收錄於裘兆琳編《後冷戰時期美國海外出兵案例研究》，頁一八三～二二八，台北：中央研究院歐美研究所。
廖文中，二〇〇一，〈中共二十一世紀海軍戰略對亞太區域安全之影響〉，收錄於廖文中編《中共軍事研究論文集》，頁一〇〇～一一九，新北：中共研究雜誌社。
廖文中，二〇〇一，〈中共空軍戰略及武器裝備現代化概況〉，收錄於廖文中編《中共軍事研究論文集》，頁三五七～三九〇，新北：中共研究雜誌社。
赫爾姆斯（Kim R. Holmes）、普里斯特（James J. Przystup）編，張林宏等譯，一九九八，《外交與威懾：美國對華戰略》（*Between Diplomacy and Deterrence: Strategies for U.S. Relations with China*），北京：新華出版社。
趙建民，一九九九，〈中國大陸能維持穩定嗎？〉，《中國時報》一九九九年二月二十七，版十五。
趙國材，二〇〇一，〈論美國出兵海外之法律依據與實踐〉，收錄於裘兆琳編《後冷戰時期美國海外出兵案例研究》，頁一～九八，台北：中央研究院歐美研究所。
趙綺娜，一九八二，〈一九四〇年代。美國外交政策中的台灣戰略地位〉，《美國研究》十二卷一期，頁二一～三四。

楚樹龍，一九九九，〈中美關係推向險境〉，《世界知識》一九九九年十二期，頁八～一二。
劉屏，二〇〇二，〈美國國會通過外交授權法案 台美軍事關係可望強化〉，《中國時報》二〇〇二年九月三十三日，版一。
劉屏，二〇〇二，〈台灣關係法納入一中政策 美學者：布希說法對台極爲友好〉，《中國時報》二〇〇二年十月二十七日，版一。
劉屏，二〇〇二，〈美眾院通過法案 要求研究美台聯合作戰演訓可行性〉，《中國時報》二〇〇二年十一月十四日，版九。
劉國新，二〇〇一，〈中國共產黨執政的國際環境：對策與經驗〉，《中國外交》二〇〇一年十二期，頁五～一二。
蔡東杰，二〇〇〇，《中國外交史》，台北：風雲論壇出版社。
鄭端耀，一九九九，〈飛彈科技管制建制的運作與發展〉，《美歐季刊》十三卷四期，頁三五七～三九九。
鄭端耀，二〇〇〇，〈核不擴散建制的運作與發展〉，《問題與研究》三九卷四期，頁四一～七六。
鄭端耀，二〇〇一，〈美國大選及其美國新政府外交人事布局與政策走向〉，和平論壇「美國新政府人事布局與政策走向對兩岸關係之影響」座談會，台灣綜合研究院戰略與國際研究所主辦。
薄瑞光，一九九九，〈美國在亞太區域安全的角色〉，「亞太安全論壇會議」演講詞。
薄瑞光，二〇〇二，〈美、中、台關係〉，二十九屆中美當代中國會議：「二〇〇〇年美中關係」研討會開幕式演講詞。
謝清志，二〇〇〇，〈中共飛彈研發進展與台灣防禦能力之探討〉，和平論壇「台海兩岸軍力評估」研討會，台灣綜合研究院戰略與國際研究所主辦。
鍾堅，一九九九，〈台灣聯外海上航道：遠程反封鎖之敏感性〉，《戰略與國際研究》一期二卷，頁五一～七一。

二、英文部分

Acheson, Dean G., 1969, *Present at the Creation, My Years in the State Department*, New York: W.W. Norton & Company.
Allison, Graham T. and Robert Blackwill, 2000, *America's National Interests*, Washington DC: The Commission on America' s National Interests.
Arkin, William M., 1998, "Masterminding an Air War," *Washington Post*, July 30, 1998.

Art, Robert J., 1993, "The Four Functions of Force," in Robert J. Art and Kenneth N. Waltz ed. *The Use of Force: Military Power and Internationally Politics*, Lanham: University Press of America.

Auer, James E. and Robyn Lim, 2001, "The Maritime Basis Of American Security In East Asia," *Naval War College Review* LIV, no. 1.

Barry, John and Evan Thomas, 2002, "The Fog of Battle," *Newsweek* , September 30, 2002.

Beaver, Paul, 1998, "China will Delay Aircraft Carrier," Jane's DefenseWeekly, June 3, 1998.

Brzezinski, Zbigniew, 1985, *Power and Principle*, New York: Farrar, Straus and Giroux.

Bush, George and Brent Scowcroft, 1998, *A World Transformed*, New York: Alfred A. Knopf.

Bush, George W., 2001, "Address to a Joint Session of Congress and the American People," Washington DC: Office of the Press Secretary, The White House.

Bush, George W., 2002, "Statement by The President," Washington DC: The White House, Office of the Press Secretary.

Bush, 2002, *The National Security Strategy of the United States of America*. Washington DC: The White House.

Cable, James, 1971, *Gunboat Diplomacy*, London: Chatto & Windus.

Calabrese, John 1998, "China And The Persian Gulf: Energy Security,' *Middle East Journal* 52, no. 3.

Campbell, Kurt M. and Derek J. Mitchell, 2001, "Crisis in the Taiwan Strait," *Foreign Affairs* 80, no.4: 14-25.

Campbell, Kurt M., 2001, "America's Response to Terrorism: U.S.-China Security Relations after the September 11 Attacks," Roundtable Meeting, Council on Foreign Relations, New York.

Central Intelligence Agency, 2002, "Worldwide Threat-Converging Dangers in a Post 9/11 World," Written Testimony of George J. Tenet before the Senate Select Committee on Intelligence.

Christensen, Thomas J., 2001, "2001-2002 Northeast Asia: China," in Richard J. Ellings and Aaron L. Friedberg ed. *Strategic Asia 2001-02*, Seattle: The National Bureau of Asian Research (NBR).

Chung, Chien-peng, 2002, "China's "War on Terror": September 11 and Uighur Separatism," *Foreign Affairs*, July/August 2002: 8-12.

Clausewitz, Carl von., 1989, *On War*. Translated and edited by Michael Howard and Peter Paret. Princeton: Princeton University Press.

Cliff, Roger, Sam J. Tangredi, and Christine E.Wormuth, "The Future of U.S. Overseas Presence," In Michele A. Flournoy ed. *QDR 2001 Strategy-Driven Choices for America's Security*, Washington DC: National Defense University Press.

Clinton, Bill, 1999, *A National Security Strategy for a New Century*, Washington DC: The White House.

Cohen, William S., 1999, *Report to Congress on U.S. Military Involvement in Major Smaller-Scale Contingencies since the Persion Gulf War*, Washington DC: Department of defense.

Cohen, William S., 2000, *Annual Report to the President and Congress 2000*, Washington DC: U.S. Department of Defense.

Cole, Bernard D.,2002, "The Modernizaing people 's Liberation Army -Navy (PLAN) and Taiwan's Security," Paper presented at the International conference on Taiwan's Security and Sea Power, Taiwan Defense Affairs, Taipei.

Collins, John M., 1974, *Grand Strategy*, Annapolis: Naval Institute Press.

Dalton, John H., "The Role of Forward Presence," address for American University, February 10, 1997.

Department of Defense, 2002, *Dictionary of Military and Associated Terms* . United States Department of Defense.

Downs, Erica Strecker, 2000, *China's Quest for Energy Security*, Santa Monica, CA: Rand.

Dreyer, June Teufel , 2002, "China: A tale of two transitions," *Foreign Policy in Focus*, April 27, 2002.

Energy Information Administration (EIA), Department of Energy, 2002, "China Country Analysis Brief," *Energy Information Administration.*

Energy Information Administration (EIA), Department of Energy, 2002, "South China Sea Region," *Energy Information Administration.*

Evens, Graham and Jeffrey Newnham, 1998, *The Penguin Dictionary of International Relations*, London: Penguin Book.

Flournoy, Michele A., 2001, "Introduction: Twelve Strategy Decisions," in Michele A. Flournoy ed. *QDR 2001 Strategy-Driven Choices for America' s Security*, pp. 3-24, Washington DC: National Defense University Press.

Flournoy, Michele A. and Sam J. Tangredi, 2001, "Defense Strategy Alternatives: Choosing Where to Place Emphasis and Where to Accept Risk," in Michele A. Flournoy ed. *QDR 2001 Strategy-Driven Choices for America' s Security*, pp.137-166, Washington DC: National Defense University Press.

Flournoy, Michele A. and Kenneth F. McKenzie, Jr., 2001, "Sizing Conventional Forces: Criteria and Methodology," in Michele A. Flournoy ed. *QDR 2001 Strategy-Driven Choices for America' s Security*, pp. 167-192, Washington DC: National Defense University Press.

Ganga, Maria La, 1996, "Dole Blasts Administration over Missile Defense Needs," *The Los Angeles Times*, June 19, 1996, p. A -1.

George, Alexander L. and Richard Smoke, 1974, *Deterrence in American Foreign Policy: Theory and Policy*, New York: Columbia University Press.

Gertz, Bill, 1999, "Admiral Calls for Pacific missile defense system", *The Washington Times*, November 12, 1999.

Gill, Bates, 2001, "U.S. Security Policy in the Asia-Pacific: Counter-terrorism, the QDR, and Beyond," Paper Presented at the Conference on Security and Conflict Prevention across Taiwan Strait in the Early 21st Century, National Strategic Studies Institute (NSSI), National Defense University. Taipei..

Gertz, Bill and Rowan Scarborough, 2002, "Inside the Ring," *The Washington Times*, November 22, 2002.

Gill, Bates, and Michael O' Hanlon, 1999, "China' s Hollow Military." *National Interest*, no. 56: 55-62.

Gill, Bates and James Mulvenon, 2002, "China's Nuclear Agenda," *The New York Times*, September 7, 2001.

Godwin, Paul H. B. 1996, "From Continent to Periphery: PLA Doctrine, Strategy and Capabilities towards 2000," *The China Quarterly*, no. 146: 469-471.

Goldstein, Joshua S., 2001, *International Relations*, Washington DC: American University.

Gordon, Rose, 2002, "China Issues Missile Export Controls," *Arms Control Today* 32, no. 7.

Gordon, Michael R., 2002, "U.S. Pilots in Gulf Use Southern Iraq for Practice Runs," *The New York Times*, November 3, 2002.

Gordon, Michael R. and Bernard E. Trainor, 1995, *The Generals' War*, Boston: Little, Brown and Company.

Haass, Richard N., 1999, *Intervention: The Use of American Military Force in the Post-Cold War World*, rev. ed., Washington DC: The Brookings Institution.

Haass, Richard N., 2002, "China and the Future of U.S.-China Relations," remarks to the National Committee on U.S.-China Relations,

New York.

Hartenstein, Neil, 1998, "United States and the Coalition in the Gulf War," Paper presented at the Strategy and Policy Symposium, U.S. Naval War College. Newport, RI.

Hornbarger, Christopher E. and David W. Kearn, Jr., ed., 2000, "Final Report- National Strategies and Capabilities for a Changing World," paper presented at the IFPA-Fletcher Conference 2000, The United States Army and the Fletcher School of Law and Diplomacy, Tufts University, Arlington VA.

Hosokawa, Morishiro, 1998,"Are U.S. Troops in Japan Needed?" *Foreign Affair*s 77, no.2: 2-5.

Ikenberry, G. John, 1998, "Institutions, Strategic Restraint, and the Persistence of American Postwar Order," *International Security* 23, no. 3: 43-78.

Institute for National Strategic Studies, National Defense University, 1998, *1998 Strategic Assessment: Engaging Power for Peace*, Washington DC: GPO.

Institute for National Strategic Studies, National Defense University, 1999, *Strategic Assessment 1999*, Washington DC: GPO.

International Trade Administration (ITA), U.S. Department of Commerce, 2001, "Top 50 Deficit Countries in U.S. Trade in 2001," *U.S. Aggregate Foreign Trade Data*, Table 13, U.S. Foreign Trade Highlight web site.

Jentleson, Bruce W., Ariel E. Levite and Larry Berman, ed., 1992, *Foreign Military Intervention: The Dynamics of Protracted Conflict*, New York: Columbia University Press.

Jervis, Robert, 1978, "Cooperation under the Security Dilemma," *World Politic*s 30, no.2: 167-174.

Joint Forces Staff College, 2000, *The Joint Staff Officer's Guide 2000*, Norfolk: National Defense University.

Khalilzad, Zalmay, 1999. *Congage China*. Santa Monica, CA: Rand.

Khalilzad, Zalmay, Abram N. Shulsky, Daniel Byman, Roger Cliff, D. Orletsky, 1999, *The United States and a Rising China. Santa Monica*, Santa Monica, CA: Rand.

Khalilzad, Zalmay, David Orletsky, and Jonathan Pollack, 2001, "Implications for the Military and USAF: The Challenges of Change," in *The United States and Asia: Toward a New U.S. Strategy and Force Posture*, Santa Monica, CA: Rand.

Kissinger, Henry, 1994, *Diplomacy*, New York: Touchstone.

Kissinger, Henry A., 2002, "Iraq Is Becoming Bush's Most Difficult Challenge," *Chicago Tribune*, August 11, 2002.

Knorr, Klaus E., 1975, *The Power of Nations: The Political Economy of International Relations*, New York: Basic Books.

Krauthammer, Charlesm, 1990, "The Unipolar Moment," *Foreign Affairs* 70, no. 1.

Layne, Christopher, 1993, "The Unipolar Illusion: Why New Great Powers will Rise," *International Security* 17, no. 4: 5-51.

Lewis, John Wilson and Xue Litai, 1999, "China's Search for a Modern Air Force," *International Security* 24, no. 1: 64-94.

Lieberthal, Kenneth, 1995, "A New China Strategy: The Challenge," *Foreign Affairs* 74, no. 6: 35-49.

Lieberthal, Kenneth, 2002, "Roundtable Explores Major Challenges Confronting China," Santa Monica, CA: Center for Asia Pacific Policy (CAPP) , Rand.

Linder, James B., 1980, "Taiwan' s Troubled Security Outlook," *Strategic Review* 8, no. 4: 50-58.

Llyod, Richmond M., 1997, "Strategy and Force Planning Framework," in *Strategy and Force Planning*, pp. 1-15, Newport, RI: Naval War College Press.

Mandelbaum, Michael, 1997, "Preserving the Unipolar Moment," *International Security* 21, no. 4: 49-88.

Mathews, Jessica T. 2002, "September 11, One Year Later: A World of Change," *Policy Brief* 18, Washington DC: Carnegie Endowment for International Peace.

McCaffery, Barry R., 1994, "U.S. Military Support for Peacekeeping Operations," in Dennis J. Quinn ed. *Peace Support Operations and the U.S. Military*, Washington DC: National Defense University Press.

Mcnamara, Robert S., 1995, *In Retrospect: The Tragedy and Lessons of Vietna*, NY: Random House.

Mearsheimer, John J., 2001, "The Future of the American Pacifier," *Foreign Affairs* 80, no. 5.

Mitchell, C. R., 1981, *The Structure of International Conflict*, New York: St. Martin's Press.

Mokhiber, Jim and Rick Young, 1999, "The Use of Military Force," Give a War a Chance, PBS Online.

Morgenthau, Hans, 1952, "Another Great Debate: The National Interest of the United States," *American Political Science Review* 46: 961-988.

Munro, Ross H., 1992 , "Awakening Dragon: The Real Danger in Asia is from China," *Policy Review* 62: 10-16.

Munro, Ross H., 1999, "Taiwan: What China Really Wants," *National Review*, October 11, 1999: 45-49.

National Intelligence Council, 2001, *Foreign Missile Developments and the Ballistic Missile Threat Through 2015*, Unclassified Summary of a National Intelligence Estimate, Washington DC: Central Intelligence Agency (CIA).

Nonproliferation Center, 2000, Director of Central Intelligence, Central Intelligence Agency, *Unclassified Report to Congress on the Acquisition of Technology Relating to Weapons of Mass Destruction and Advanced Conventional Munitions*, Nonproliferation Center.

Nuechterlein, Donald E., 1973, *United States National Interest in a Changing World*, Lexington, Kentucky: The University Press of Kentucky.

Nuechterlein, Donald E., 1979, "The Concept of 'National Interest': A Time for New Approaches," *Orbis* 23, No. 1: 75-84.

Nuechterlein, Donald E., 1997, "America Recommitted: United States National Interests in a Restructured World," in *Strategy and Force Planning* , pp. 93-101, Newport, RI: Naval War College Press.

Nye, Joseph Jr., 1990, *Bound to Lead: The Changing Nature of American Power*, New York: Basic Book.

Nye, Joseph Jr., 1999, "Redefining the National Interest," *Foreign Affairs78,* no. 4: 22-35.

Nye, Joseph Jr., 2002, "The New Rome Meets the New Barbarians," *Economist*, Mar 21, 2002.

O'Hanlon, Michael E., 2002, *Defense Policy Choices for the Bush Administration*, Washington DC: Brookings Institution Press.

Organski, A. F. K., 1969, *World Politics*, New York: Random House.

Pearson, Frederic S. and J. Martin Rochester, 1988, *International Relations-The Global Condition in the Late Twentieth Century*, 2nd ed. New York: Random House.

Perry, William J., 1996, *Annual Report to the President and the Congress*, Washington DC: Department of Defense.

Powell, Colin L., 1992, "U.S. Forces: Challenges Ahead," *Foreign Affairs* 72, no.5: 32-45.

Powell, Colin L., 2002, "Remarks at Asia Society Annual Dinner," U.S. Department of State.

Powell, Colin L. and Joseph E. Persico, 1995, *My American Journey*, New York: Random House.

Pumphery, Carolyn W., 2002, "Introduction," in Carolyn W. Pumphery ed. *The Rise of China in Asia: Security Implications*, pp.1-18, Carlisle, Penn.: U.S. Army War College.

Rabasa, Angel, 2001, "The Changing Political-Military Environment: Southeast Asia," in *The United States and Asia: Toward a New U.S. Strategy and Force Posture,* Santa Monica, CA: Rand.

Rachman, Gideon, 1996, "Containing China,"*Washington Quarterly* 19, no. 1: 129-140.

Reagan, Ronald, 1987, *National Security Strategy of the United States*, Washington DC: The White House.

Revzin, Phil, 2000, "Lee: The Cruel Game," *Far Eastern Economic Review* 163, iss. 23: 16-18.

Rosenau, James N., 1971, *The Scientific Study of Foreign Policy,* New York: Free Press.

Ross, Robert , 1997, "China II: Beijing as a Conservative Power." Foreign Affairs 76, no.2: 33-35.

Ross, Robert, 2002, *U.S. Forward Presence and Deterrence of Chinese Use of Force against Taiwan*，亞太情勢發展學術研討會。

Rumsfeld, Donald H., 2002, "Transforming the Military." *Foreign Affairs* 81, no.3: 20-32.

Rumsfeld, Donald H., 2002, *Annual Report to the President and the Congress,* Washington DC: Department of Defense.

Russett, Bruce and Harvey Starr, 1989, *World Politics: The Menu for Choice,* New York: W. H. Fresman & Company.

Schmitt, Michael N., 1997, "Identifying National Objectives and Developing Strategy: A Process Oriented Approach," *Strategic Review* XXVI, no.1: 24-37.

Scobell, Andrew, 1999, *Show of Force: The PLA and 1995-1996 Taiwan Strait Crisis*, Stanford, CA: Institute for International Studies (IIS), Stanford University.

Scoblic, J. Peter, 2000, "China Issues Missile Export Pledge; U.S. Says It will Waive Sanctions," *Arms Control Today* 30, no. 10.

Segal, Gerald, 1996, "East Asia and the "constrainment" of China," *International Security* 20, no. 4: 107-124.

Shambaugh, David, 1996, "Containment or Engagement of China?" *International Security* 21, no. 2: 180-210.

Shambaugh, David, 2000, "A Matter of Time: Taiwan' s Eroding Military Advantage," *The Washington Quarterly* 23, no. 2: 119-133.

Shlapak, David A., David T. Orletsky, and Barry A. , 2000, Wilson, Dire Strait? Military Aspects of the China-Taiwan Confrontation and Options for U.S. Policy, Santa Monica, CA: Rand.

Shoemaker, Christopher C., 1991, *The NSC Staff, Counseling the Counci l*, Boulder: Westview Press.

Singer, J. David 1961, "The Level-of-Analysis Problem in International Relations," *World Politics* 14, no. 1: 77-92.

Spinelli, John J., "Peacetime Operations: Reducing Friction," in Michele A. Flournoy ed. *QDR 2001 Strategy-Driven Choices for America s Security*, pp.263-292, Washington DC: National Defense University Press.

Stokes, Mark A., 1999, *China's Strategic Modernization: Implications for the United States*. Carlisle, Penn.: Strategic Studies Institute, U.S. Army War College.

Swaine, Michael D., 1999, *Taiwan's National Security, Defense Policy, and Weapons Procurement Processes*, Santa Monica, CA: Rand.

Swaine, Michael D., 2001, "Taiwan Risks Getting In Over Its Head," *Los Angeles Times*, April 24, 2001, A21.

Swaine, Michael and Ashley J. Tellis, 2000, *Interpreting China's Grand Strategy: Past, Present, and Future*, Santa Monica, CA: Rand.

Taylor, Jay, 2000, *The Generalissimo' s Son*, Cambridge, Mass.: Harvard University Press.

The Brookings Institution, 2002, *Northeast Asia Survey*, Washington, DC: The Brookings Institutio..

The Atlantic Council of the United States, Committee on Security Issues in the U.S.-China Relationship, 2002, Policy Paper, *Staying the Course: Opportunities and Limitations in U.S.-China Relations*, Washington DC: The Atlantic Council of the United States.

The United States Commission on National Security/21st Century(USCNS/21), 1999, *New World Coming: American Security in the 21st Century*, Supporting Research and Analysis, Washington DC: The United States Commission on National Security/21st Century.

Timperlake, Edwaed and William C. Triplett II, 1999, *Red Dragon Rising: Communist China's Military Threat to America*, Washington DC: Regnery.

Tkacik, John J., Balbina Hwang, and Dana R. Dillon, 2002, "Asian Security, Helping to Assure Peace in the Pacific," *ISSUES 200/Asian Security*, pp. 277-291, Washington DC: The Heritage Foundation.

Troush, Sergei, 1999, "China's Changing Oil Strategy and its Foreign Policy Implications," Northeast Asian Policy Studies Working Paper, Washington DC: The Brookings Institution.

Tyler, Patrick E., 1996, "As China Threatens Taiwan, It Makes Sure U.S. Listens," *The New York Times*, January 24, 1996, p. A1.

U.S Joint Chiefs of Staff, 2000, *Joint Vision 2020*, Washington DC: U.S. Government Printing Office.

U.S. Department of State, 1976, "The Far East and Australasia," *Foreign Relations of the United States* (FRUS) 1949, vol. VII, Washington DC: U.S. Government Printing Office.

U.S. Department of Defense, 1999, *The Security Situation in the Taiwan Strait*, Department of Defense, Report to Congress Pursuant to the FY99 Appropriations Bill.

U.S. Department of Defense, 2001, , *Department of Defense Dictionary of Military and Associated Terms* (Joint Pub 1-02), Washington DC: Government Printing Office.

U.S. Department of Defense, 2001, *Proliferation: Threat and Response* , Washington DC: U.S. Department of Defense.

U.S. Department of Defense, 2001, *Quadrennial Defense Review Report 2001*, Washington, DC: Department of Defense.

U.S. Department of Defense, 2002, *Annual Report on the Military Power of the People's Republic of China*, Department of Defense, Report to Congress Pursuant to the FY2000 National Defense Authorization Act.

U.S. Department of Defense, 2002, *Annual Report on the Military Power of the People's Republic of China*. Washington, DC: Department of Defense.

U.S. Department of State, Office of International Information Programs, 2002, *Patterns of Global Terrorism 2001*, Washington DC: U.S. Department of State.

U.S. Department of State, Office of International Information Programs, 2002, "U.S. and China Want Peaceful Resolution to North Korea's Nuclear Threat," (Bush, Chinese President Jiang Zemin confer, meet press in Texas), Office of International Information

Programs.

U.S. Department of State's Office of International Information Progeam, 2002,"Treasury Dept. on Addition of ETIM to Terrorist List," *News Briefing,* September 12, 2002.

U.S. Joint Chiefs of Staff, 1995, *Doctrine for Joint Operations*, (Joint Pub 3-0), Washington DC: U.S. Government Printing Office.

U.S. Naval War College, 1999, "Putting First Things First," Newport, RI: Naval War College.

U.S. Naval War College, 2000, *Joint Military Operations Syllabus 2000 Newport*, RI: Naval War College.

U.S.-China Security Review Commission(UCSRC), 2002, *The National Security Implications of the Economic Relationship between the United States and China*, U.S.-China Security Review Commission, Report to Congress of the U.S.-China Security Review Commission.

Von Hippel, Karin, 2000, *Democracy by Force: US Military Intervention in the Post-Cold War World*, New York: Cambridge University Press.

Wagner, Alex, 2001, "Washington to Sanction China, Pakistan for Missile Cooperation," *Arms Control Today* 31, no. 7.

Walker, Robert M. and Dennis J. Reimer, 1998, *A Statement on the Posture of the United States Army Fiscal Year 1999*, Washington: GPO.

Waltz, Kenneth N., 1954, *Man, the State and War: A Theoretical Analysis*, New York: Columbia University Press.

Waltz, Kenneth N., 1979, *Theory of International Politics*, Reading, Mass: Addison-Wesley.

Weinberger, Caspar W., 1984, "The Use of Military Power," remarks by Secretary of Defense Caspar W. Weinberger to the National Press Club", Washington DC.

Weinberger, Caspar W., 1986, "U.S. Defense Strategy," *Foreign Affairs* 46, no. 4.

World Bank, 1997, *China 2020: Development Challenges in the New Century*, Washington DC: World Bank.

Wortzel, Larry M., 2001, "Joining Forces against Terrorism: Japan's New Law Commits more than Words to U.S. Effort," *Backgrounder* no. 1500, Washington DC: The Heritage Foundation.

Yang, Jiemian, 2002, "The Bush Administration's Taiwan Policy: Evolution and Trends," *American Foreign Policy Interests* 24, no. 2: 147-151.

發光體 06

美國會爲台灣出兵嗎？

從美中台三方關係分析台海危機最佳解方

作　　者　張德方
著作權人　國防大學
封面設計　兒日設計　**內文排版**　游淑萍　**圖表繪製**　裴情那
副總編輯　林獻瑞　**責任編輯**　簡淑媛
社　　長　郭重興　**發行人兼出版總監**　曾大福
業務平台　總經理／李雪麗　副總經理／李復民
實體通路暨直營網路書店組／林詩富、陳志峰、郭文弘、賴佩瑜、王文賓
海外暨博客來組／張鑫峰、林裴瑤、范光杰
特販組／陳綺瑩、郭文龍
印務部／江域平、黃禮賢、李孟儒
出 版 者　遠足文化事業股份有限公司　好人出版
新北市新店區民權路108-2號9樓
電話02-2218-1417#1282　傳眞02-8667-1065
發　　行　遠足文化事業股份有限公司　新北市新店區民權路108之2號9樓
電話02-2218-1417　傳眞02-8667-1065
電子信箱service@bookrep.com.tw　網址http://www.bookrep.com.tw
郵撥帳號　19504465　遠足文化事業股份有限公司
讀書共和國客服信箱：service@bookrep.com.tw
讀書共和國網路書店：www.bookrep.com.tw
團體訂購請洽業務部(02) 2218-1417 分機1124
法律顧問　華洋法律事務所　蘇文生律師
印　　製　成陽印刷股份有限公司　電話02-2265-1491

出版日期　2022年10月13日初版一刷
定　　價　380元
ISBN　978-626-96565-3-0

國家圖書館出版品預行編目(CIP)資料

美國會爲台灣出兵嗎？：從美中台三方關係分析台海危機最佳解方／張德方作. -- 初版. -- 新北市：遠足文化事業股份有限公司好人出版：遠足文化事業股份有限公司發行, 2022.10
面；14.8*21公分. --（發光體；06）
1.CST:國際干涉 2.CST:國際武力 3.CST:國家利益 4.CST:美中臺關係
ISBN　978-626-96565-3-0（平裝）

579.35　　111014542

讀者回函QR Code
期待知道您的想法